Manfred Schmid-Myszka

Rund um Berlin

Von der Ruppiner Schweiz bis in den Spreewald

50 ausgewählte Wanderungen in der Mark Brandenburg

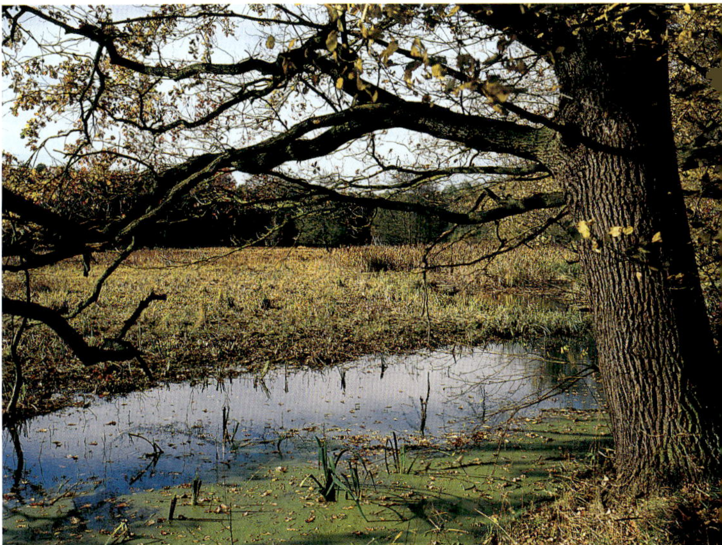

VORWORT

Schon im Mittelalter wurde die Mark Brandenburg liebevoll-spöttisch als »des Heiligen Römischen Reiches Streusandbüchse« bezeichnet. Der karge Boden, auf dem ausgedehnte Kiefern-, Birken- und Heidekulturen gedeihen, führte zu dem Spitznamen für diese reizvolle Landschaft, deren heutiges Erscheinungsbild mit zahlreichen Seen, Brüchen, sumpfigen Niederungen, Moränen und Sanddünen vor allem während der Eiszeit geprägt wurde.
Der Aufstieg des brandenburgischen Kurfürstentums seit der deutschen Ostkolonisation im Hochmittelalter zur europäischen Großmacht Preußen im 19. Jahrhundert ging auch an der Landschaft nicht spurlos vorüber. Die Nähe zur Reichshauptstadt Berlin band Brandenburg stark in die deutsche Geschichte ein, weshalb es auch von Kriegen besonders getroffen wurde.
Trotzdem ist die Landschaft natürlich und ursprünglich geblieben. Ein flaches, wald- und seenreiches Land erwartet den Wanderer. Aber es gibt auch Hügelgebiete mit beträchtlichen Steigungen. Diese an Mittelgebirge erinnernden Höhenzüge überraschen immer wieder mit tiefen Schluchten, engen Tälern mit Wassermühlen, steilen Anstiegswegen und schönen Aussichtspunkten. Die beschriebenen Wanderwege sind überwiegend schattig und auch gut mit Kindern zu gehen. Alle Ausgangspunkte können mit öffentlichen Verkehrsmitteln erreicht werden; für Autofahrer stehen ausreichend Parkmöglichkeiten zur Verfügung.

Ich wünsche Ihnen erholsame und interessante Wandertage!

Frühjahr 2022				Manfred Schmid-Myszka

Kloster Chorin.

INHALTSVERZEICHNIS

Vorwort 3
Übersichtskarte 6
Top-Touren 8
Hinweise für Unterwegs 10
    Schwierigkeitskategorien 10
    GPS-Tracks und Koordinaten der Ausgangspunkte 13
    Symbole 16
Landschaft in der Mark Brandenburg 18

Ruppiner Schweiz bis Barnim 29

TOP **1**	4.00 h	Großer Stechlinsee	30
2	3.20 h	Rund um den Großen Zechliner See	33
3	3.30 h	Naturerlebnis Blumberger Mühle	36
4	2.40 h	Von Britz zum Zisterzienserkloster Chorin	39
5	2.00 h	Auf den Pimpinellenberg	42
6	3.20 h	Neuenhagener Insel	45
TOP **7**	5.00 h	Turmwanderweg bei Bad Freienwalde	48
8	3.40 h	Von Bad Freienwalde zum Baasee	52
TOP **9**	3.30 h	Um den Hellsee und nach Lobetal	55
10	3.20 h	Rund um den Liepnitzsee	58

Märkische Schweiz bis Rauener Berge 59

11	2.40 h	Von Buckow über den Krugberg zu den Tornowseen	60
12	2.20 h	Panoramaweg über dem Schermützelsee	62
TOP **13**	3.30 h	Über den Poetensteig zum Großen Klobichsee	64
14	3.00 h	Reitweiner Sporn	67
15	2.40 h	Über die Müggelberge zum Großen Müggelsee	70
16	2.30 h	Von Rüdersdorf nach Erkner	73
17	4.30 h	Löcknitztal	76
TOP **18**	3.40 h	Die Markgrafensteine in den Rauener Bergen	79

Ländchen Rhinow bis Hoher Fläming 81

19	5.40 h	Rund um den Hohennauener See	82
20	2.40 h	Döberitzer Heide (1)	84
21	2.40 h	Döberitzer Heide (2)	87
22	1.50 h	Lehnin und das Quellgebiet der Elster	90
23	1.10 h	Rund um die Burg Ziesar	92
24	3.20 h	Briesener Berge und Klein Briesener Bach	94
25	3.40 h	Von Ragösen zur Springbachmühle und nach Bad Belzig . .	97
26	3.15 h	Von Bad Belzig auf den Hagelberg	100
27	2.40 h	Von Wiesenburg über Reetzerhütten zur Alten Hölle	102
TOP **28**	3.40 h	Burg Rabenstein	104

Havelland und Niederer Fläming … 106

- **29** 3.40 h Im Königswald … 107
- **30** 3.15 h Von Wannsee nach Babelsberg … 110
- **31** 3.30 h Über Kleinen und Großen Ravensberg nach Saarmund … 115
- OP **32** 3.50 h Über den Saarmunder Endmoränenbogen nach Stücken … 119
- **33** 3.20 h Von Stücken nach Dobbrikow … 122
- **34** 3.50 h Von Dobbrikow nach Woltersdorf … 125
- **35** 2.45 h Von Ferch zu den Lienewitzer Seen … 127
- **36** 1.30 h Ortolan-Rundwanderweg … 130
- OP **37** 5.15 h Glauer Berge … 132
- **38** 3.40 h Von Treuenbrietzen ins Tal der Nieplitz … 135

Teltow bis Spreewald … 137

- **39** 2.10 h Saalower Mühlenweg … 138
- **40** 1.20 h Sperenberger Gipsweg … 140
- **41** 3.00 h Wanderung in der Dubrow … 142
- **42** 3.15 h Rund um den Klein Köriser See … 144
- **43** 3.10 h Zum Katjasee und Helenesee und nach Müllrose … 146
- **44** 2.20 h Schlaubetal (1) … 149
- OP **45** 4.15 h Schlaubetal (2) … 151
- **46** 1.50 h Schlaubetal (3) … 154
- **47** 4.20 h Im Straupitzer Spreewald … 156
- OP **48** 5.15 h Von Lübbenau durch den Oberspreewald nach Burg … 159
- **49** 3.30 h Im Lübbenauer Spreewald … 162
- **50** 4.10 h Höllberghof und Gehrener Berge … 165

Stichwortverzeichnis … 168

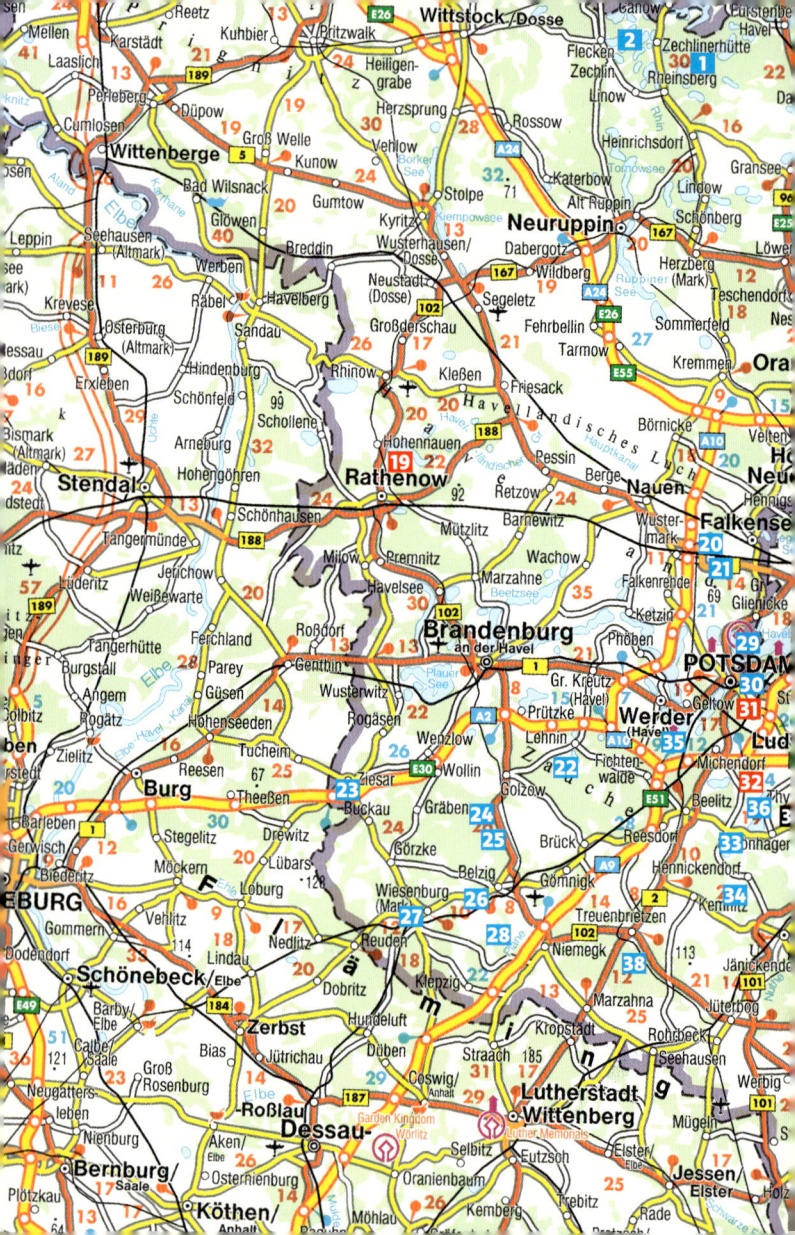

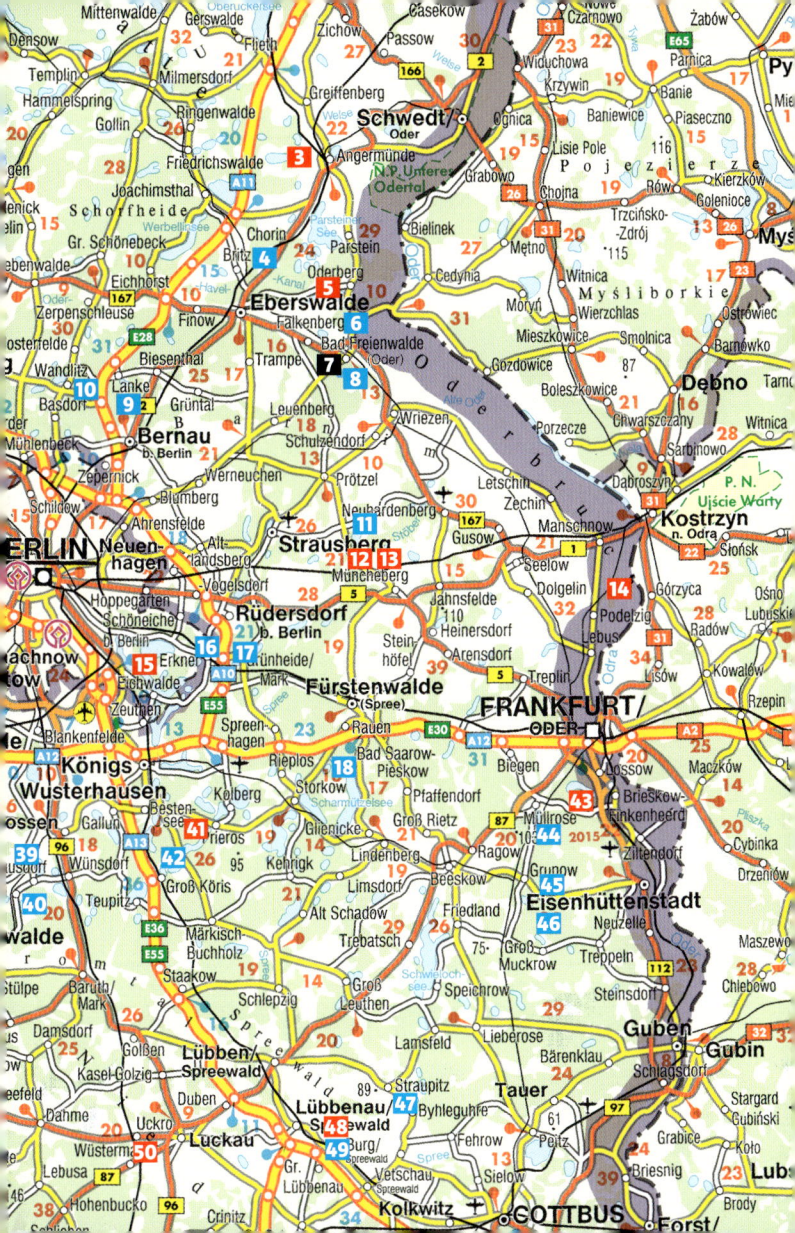

TOP-TOUREN

Der Große Stechlinsee
Schöne Wanderung durch alte
Buchenwälder *(Tour 1, 4.00 Std.)*.

Turmwanderweg bei Bad Freienwalde
Höhenweg zu vier Aussichtstürmen
am Rande des Odertals *(Tour 7,
5.00 Std.)*.

Um den Hellsee und nach Lobetal
Wanderung zu stillen Waldseen und
einer wildromantischen Schlucht
(Tour 9, 3.30 Std.).

Poetensteig und Großer Klobichsee
Höhenwege, Schluchten und Seen in
der Märkischen Schweiz *(Tour 13,
3.30 Std.)*.

In den Rauener Bergen
Zum größten landliegenden Findling
Deutschlands *(Tour 18, 3.40 Std.)*.

Burg Rabenstein
Wanderung zu einer gut erhaltenen
mittelalterlichen Burg *(Tour 28,
3.40 Std.)*.

Saarmunder Endmoränenbogen
Bergwanderung entlang einer
schroffen Moränenkette *(Tour 32,
3.50 Std.).*

Über die Glauer Berge
Wanderung zum Blankensee
(Tour 37, 5.15 Std.).

Mühlenwanderung im Schlaubetal
Romantischer Rundwanderweg durch
das schönste Tal Brandenburgs
(Tour 45, 4.15 Std.).

Im Oberspreewald
Wanderung an ruhigen Fließen
(Tour 48, 5.15 Std.).

HINWEISE FÜR UNTERWEGS

Anforderungen
Die meisten in diesem Buch beschriebenen Wanderungen sind einfach; sie verlaufen in der Regel auf bequem begehbaren Wald- oder Feldwegen. Bei einigen Touren geht man auf sehr sandigen Wegen, was etwas anstrengender ist. Obwohl die Mark Brandenburg im Nordosten Deutschlands liegt, sind nicht alle Wege flach. In den Moränengebieten überraschen den Wanderer mitunter kurze, steile Anstiege, die er nicht erwartet hätte. Um die Anforderungen der einzelnen Touren besser einschätzen zu können, sind die Tournummern blau, rot oder schwarz gekennzeichnet.

SCHWIERIGKEITSKATEGORIEN

■ = Leicht
Leichte Wanderwege, die gewöhnlich gut markiert sind und ohne Probleme von Kindern und älteren Menschen begangen werden können. Die zeitliche Länge dieser Touren hält sich in Grenzen.

■ = Mittel
Mittelschwierige Wanderrouten auf teilweise steilen Pfaden. Manche dieser Wege erfordern Orientierungssinn, da einige Abschnitte nicht markiert sind. Man sollte daher eine topografische Karte lesen können.

■ = Schwierig
Schwierige Wanderwege sind in Brandenburg selten, jedoch gibt es in diesem Buch zwei davon. Sie erfordern Ausdauer und weisen zahlreiche steile Wegabschnitte auf. Um die Gelenke zu schonen, empfiehlt sich die Mitnahme von Wanderstöcken.

Gehzeiten
Die im Infotext vor jeder Tour genannten Gehzeiten beziehen sich auf ein durchschnittliches Wandertempo von 4 km je Stunde auf guten Wegen. Auf sandigen Strecken und anderen schlechten Wegabschnitten können diese länger dauern. In den Zeitangaben sind Pausen nicht enthalten. Für Besichtigungen von Sehenswürdigkeiten sollte man zusätzliche Zeit einplanen.

Ausrüstung
Wegen der häufigen sandigen Strecken und alten Kopfsteinpflasterstraßen, über die schon der Schriftsteller Theodor Fontane im 19. Jahrhundert schimpfte, empfiehlt sich der Gebrauch fester Wanderschuhe mit Profilsohle. Man hat darin einen besseren Halt und die Füße ermüden nicht so schnell. Regen- und Sonnenschutz sollten immer im Rucksack sein. An den

Blick auf den Wolletzsee (Tour 3).

Seen findet man oft eine Badestelle, also Schwimmsachen nicht vergessen. In den häufig anzutreffenden Feuchtgebieten, die für Insekten einen idealen Lebensraum darstellen, ist der Gebrauch eines Mückenschutzes ratsam. Besonders auf längere Touren sollte man immer ausreichend Proviant und Getränke mitnehmen. Gasthäuser sind zwar häufig zu finden (im Infotext vor jeder Wanderung wird auf die am Wege liegenden hingewiesen), jedoch können diese manchmal zu ungewöhnlichen Zeiten geschlossen sein.

Ausgangspunkt und Anreise

Alle Ausgangs- und Endpunkte der hier beschriebenen Touren sind (auch am Wochenende) mit öffentlichen Verkehrsmitteln zu erreichen. Die meisten Routen beginnen und enden an einem Bahnhof, manche sind auch mit einem Linienbus zu erreichen. Gleichwohl kann man alle Startpunkte auch mit dem Auto anfahren; Parkmöglichkeiten stehen überall zur Verfügung. In der Mehrzahl handelt es sich bei den Touren um Rundwanderungen, einige Touren sind jedoch als Streckenwanderungen konzipiert. Wer mit dem Auto angereist ist, kann in diesem Falle mit einem Linienbus oder der Regionalbahn zum Ausgangspunkt zurückfahren. Informationen darüber finden sich im einleitenden Informationstext vor jedem Wandervorschlag. Einige Streckenwanderungen können kombiniert werden (Touren 20, 21), einige sogar zu einer mehrtägigen Tour zusammengefasst werden (Touren 30–34 und 43–46).

Der Umwelt zuliebe ...

Auch beim Wandern hinterlassen wir einen ökologischen Fußabdruck, aber im Einklang mit der Natur unterwegs zu sein, ist gar nicht so schwer!

VORBEREITUNG UND ANFAHRT
- Sich vorab informieren, worauf in Bezug auf Natur und Umwelt in der jeweiligen Wanderregion besonders zu achten ist.
- Soweit möglich mit Bahn und Bus anreisen, Wander- und Rufbusse nutzen.
- Ist eine Anfahrt mit dem Auto nötig, Fahrgemeinschaften bilden.
- Bei weiten Anfahrten Mehrtagestouren planen oder von einem Quartier vor Ort aus mehrere Touren absolvieren.
- Flugreisen möglichst reduzieren und durch Beiträge zu Klimaschutzprojekten kompensieren.

KLEIDUNG UND AUSRÜSTUNG
- Beim Kauf von Outdoor-Kleidung auf umweltfreundliche und faire Herstellung achten und Kleidungsstücke möglichst viele Jahre nutzen.
- Ausrüstung kann man eventuell auch gebraucht kaufen oder ausleihen.
- Reparieren statt neu kaufen.

VERPFLEGUNG
- Beim Einkauf Bio-Ware, regionale und saisonale Erzeugnisse bevorzugen.
- Hütten und Gasthäuser auswählen, die regionale Produkte verwenden.
- Auf Einwegflaschen und Plastikverpackungen verzichten, stattdessen wiederverwendbare Trinkflaschen und Brotzeitboxen benutzen.

ÜBERNACHTUNG
- Bei lokalen Anbietern buchen, damit Menschen vor Ort profitieren.
- Auf Hütten und in anderen Unterkünften Strom und Wasser sparen.

UNTERWEGS
- Wege benutzen und Abkürzer vermeiden.
- Sperrungen von Wegen und Schutzgebieten respektieren.
- Keine Blumen pflücken und keine Pflanzen entnehmen.
- Waldbrandgefahr beachten.
- Müll wieder mit nach Hause nehmen und dort entsorgen.
- Toilettengänge in freier Natur möglichst vermeiden.
- Lärm vermeiden.
- Hunde an die Leine nehmen.

Brandenburg ist durch die zentrale Lage und Nähe zu Berlin bestens an das nationale und internationale Verkehrsnetz angeschlossen.

Anreise mit dem Pkw: Sternförmig führen mehrere Autobahnen nach Berlin und münden vor der Stadt in den Berliner Ring (A 100), auf dem man die Stadt bequem und schnell umfahren kann.

Anreise mit der Bahn: In die Bundeshauptstadt fahren aus allen Regionen Deutschlands zahlreiche ICE, IC und Nachtzüge. Hier besteht dann Anschluss an mehrere Regionalbahnlinien, mit denen die Ausgangspunkte aller Wanderrouten erreicht werden können.

- Deutsche Bahn AG, www.bahn.de; Buchung im Reisezentrum oder unter Tel. +49 30 2970
- Fahrplanauskunft des Verkehrsverbunds Berlin-Brandenburg (VBB), Tel. +49 30 25414141, www.vbb.de

Wanderkarten
Die den Touren beigefügten Karten mit eingezeichnetem Routenverlauf wurden eigens für diesen Wanderführer angefertigt. Sie können nur einen Überblick über den Wegverlauf geben. Um genauere Geländeinformationen zu erhalten und um bei Abweichungen von der vorgegebenen Route gewappnet zu sein, wird zusätzlich der Gebrauch einer topografischen Karte mit Darstellung der landschaftlichen Gegebenheiten dringend empfohlen. Zu beachten ist aber, dass dort die Darstellung der Wanderwege nicht immer der Realität entspricht. Markierte Wege sind in den im Handel erhältlichen Karten oft mit falschem oder ungenauem Verlauf eingetragen oder sind bereits eingezeichnet, obwohl sie sich erst in der Planung befinden. Die in den Tourenbeschreibungen aufgeführten Wanderkarten werden von verschiedenen Verlagen und Institutionen herausgegeben

GPS-TRACKS UND KOORDINATEN DER AUSGANGSPUNKTE

Zu diesem Wanderführer stehen auf www.rother.de GPS-Tracks und Koordinaten der Ausgangspunkte zum kostenlosen Download bereit.
5. Auflage, Passwort: **434305nbw**
Sämtliche GPS-Daten wurden vom Autor im Gelände erfasst und auf digitalem Kartenwerk nachbearbeitet. Verlag und Autor haben die Tracks und Wegpunkte nach bestem Wissen und Gewissen überprüft. Dennoch können wir Fehler oder Abweichungen nicht ausschließen, außerdem können sich die Gegebenheiten vor Ort zwischenzeitlich verändert haben. Sollten Sie vor Ort eine Abweichung feststellen, sind Autor und Verlag für Ihren Hinweis dankbar. GPS-Daten sind zwar eine hervorragende Planungs- und Navigationshilfe, erfordern aber nach wie vor sorgfältige Vorbereitung, eigene Orientierungsfähigkeit sowie Sachverstand in der Beurteilung der jeweiligen (Gelände-)Situation. Man sollte sich für die Orientierung auch niemals ausschließlich auf GPS-Gerät und -Daten verlassen.

und sind im Buchhandel oder per Internet erhältlich. Besonders empfohlen werden die Karten des Verlags Dr. Andreas Barthel (BAR), Gerichshainer Str. 22, 04451 Borsdorf, Tel. +49 34291 4150, www.verlag-dr-barthel.de. Die Topografischen Freizeitkarten können bei der Landesvermessung und Geobasisinformation Brandenburg (LGB), Heinrich-Mann-Allee 103, 14473 Potsdam, Tel. +49 331 8844123, www.geobasis-bb.de, bezogen werden.

Markierungen
Die meisten Wanderwege sind mit einer Markierung versehen, die im Text erwähnt wird. Diese Markierungen sind in der Regel auf Bäume entlang des Wanderweges aufgemalt oder als Schild angenagelt. Sie unterscheiden sich nach Farbe und Form: Punkte bedeuten Rundwanderwege, Striche zeigen Streckenwanderwege an. Gelbe Farbe steht für einen örtlichen Wanderweg, rote Farbe für einen regionalen und blaue Farbe für einen überregionalen oder Weitwanderweg. Die Markierung »blauer Punkt auf weißem Untergrund« begleitet z. B. den 66-Seen-Weg rund um Berlin, »blauer Strich auf weißem Untergrund« einen der Europäischen Fernwanderwege. Durch Brandenburg führen der E 10 Finnland–Rügen–Bozen–Andalusien und der E 11 von Amsterdam in die Masuren. Weitere Fernwanderwege, die in den letzten Jahren eingerichtet worden sind und durch Brandenburg führen, sind z. B. der Uckermärkische Rundwanderweg oder der Märkische Landweg. In Brandenburg sind fast alle Wanderwege-Markierungen von Landkreisen oder Gemeinden ergestellt worden; nur in wenigen Gebieten, wie z. B. um Mellensee (Touren 39 und 40) wurden die Wege von Wandervereinen markiert. Manchmal sind die Markierungszeichen unsachgemäß lediglich auf einer Seite des Baumes angebracht, sodass man sie nur in einer Laufrichtung erkennen kann (in Gegenrichtung erst, wenn man bereits vorbeigegangen ist und sich umdreht).

SYMBOLE

Symbole im Tourenkopf
- Mit Bahn/Bus erreichbar
- Einkehrmöglichkeit unterwegs
- für Kinder geeignet

Symbole im Höhenprofil
- Ort mit Einkehrmöglichkeit
- Gaststätte, Café
- Schutzhütte, Unterstand
- Kirche, Kapelle, Kloster, Bildstock
- Bahnhof
- Bushaltestelle
- archäologische Stätte
- Gipfel
- Aussichtsplatz
- Rastplatz
- Aussichtsturm
- Burg, Schloss, Ruine
- Windmühle
- Wassermühle
- Badestelle
- Quelle
- Naturdenkmal

Loggia Alexandra (Tour 30).

Klima
Mit einer Niederschlagsmenge von rund 600 mm und einer Sonnenscheindauer von ca. 1600 Stunden pro Jahr gehört das Land zu den trockensten Regionen Deutschlands. Daher steigt die Waldbrandgefahr im Sommer stark an.
Die Wettervorhersage für Berlin und den Raum Brandenburg wird tagesaktuell erstellt und z. B. vom Deutschen Wetterdienst (www.wetter.com) oder von MeteoGroup Deutschland GmbH (www.wetter24.de) verbreitet.

Unterkunft
Hotels und Pensionen: In den Erholungsgebieten rund um Berlin findet man zahlreiche Unterkunftsmöglichkeiten, die allerdings unterschiedlich verteilt sind. In den wegen ihrer Sehenswürdigkeiten viel besuchten Gebieten wie Potsdam und Umgebung, Rheinsberg oder dem Spreewald ist die Zahl der Hotels, Gaststätten und Pensionen groß. Gastgeberverzeichnisse verschicken die jeweiligen Tourist-Informationen oder die Tourismus-Marketing Brandenburg (→ Auskunft).
Jugendherbergen: 18 Jugendherbergen bieten vor allem in Berlin und im Osten und Südosten Brandenburgs Unterkunft.
Naturfreundehäuser: In Brandenburg bieten das Naturfreundehaus Eisguste, Eberswalder Chaussee 14, 16248 Oderberg, Tel. +49 33369 749119,

www.eisguste.de und das Naturfreundehaus Üdersee, Üdersee Süd 111, 16244 Schorfheide, Tel. +49 3335 326529, www.nfh-uedersee.de Unterkunft an; auch in Berlin befinden sich zwei Naturfreundehäuser.
- DJH Service-Center der Jugendherbergen in Berlin und Brandenburg, Babelsberger Str. 28, 14473 Potsdam, Tel. +49 331 8779100, www.jugendherbergen-berlin-brandenburg.de
- Die Naturfreunde Landesverband Brandenburg, Lindenstr. 34, 14467 Potsdam, Tel. +49 331 2015541, www.naturfreunde-brandenburg.de; Naturfreunde Deutschlands, Warschauer Straße 58a, 10243 Berlin, Tel. +49 30 29773260, www.naturfreunde.de

Camping
In Brandenburg gibt es über 100 Campingplätze, die über das ganze Land verstreut sind. Besonders in den touristisch bedeutenden Gebieten findet man eine größere Auswahl, z. B. im Spreewald (4 Plätze).
- Bundesverband der Campingwirtschaft in Deutschland Land Brandenburg e. V., Finowfurter Ring 10A, 16244 Schorfheide, Tel. +49 3335 326717, www.campingland-brandenburg.de

Wandervereine
Verschiedene Gebirgs- und Wandervereine veranstalten in Brandenburg Wanderungen, an denen man auch teilnehmen kann, wenn man nicht Mitglied ist:
- Deutscher Alpenverein Sektion Berlin e. V., Seydlitzstr. 1K, 10557 Berlin, Tel. +49 30 213092600, www.dav-berlin.de
- AlpinClub Berlin e. V., Sektion des DAV, Spielhagenstr. 4, 10585 Berlin, Tel. +49 30 34508804, www.alpinclub-berlin.de
- Wandersportverein Rotation Berlin e. V., Buschiner Str. 25 B, 12683 Berlin, Tel. +49 30 54378953, www.wandersportverein-rotation-berlin.de
- Wanderverein Fontane '91 e. V., Fontanestr. 14, 16356 Ahrensfelde, Tel. +49 30 93495798, www.fontanewanderung.de
- Eifelverein Berlin e. V., Julius-Meyen-Str. 3A, 13057 Berlin, Tel. +49 30 92401784, www.eifelverein-berlin.de
- Berliner Wanderclub e. V., Bolchener Str. 5, 14167 Berlin, Tel. +49 30 84409635, www.berliner-wanderclub.de

Auskunft
- **Brandenburg:** TMB Tourismus-Marketing Brandenburg GmbH, Babelsberger Str. 26, 14473 Potsdam, Informations- und Buchungsservice: Tel. +49 331 2004747, www.reiseland-brandenburg.de
- **Berlin:** Berlin Tourismus und Kongress GmbH, Am Karlsbad 11, 10785 Berlin, Tel. +49 30 25002333, www.visit-berlin.de

Burg Rabenstein im Hohen Fläming (Tour 28).

LANDSCHAFT IN DER MARK BRANDENBURG

Am Ende des 9. Jahrhunderts wurden unter Otto dem Großen zur militärischen Sicherung der Grenzen des Heiligen Römischen Reiches Deutscher Nation mehrere Grenzmarken errichtet. Diese Grafschaften wurden von einem Markgrafen regiert. So entstand auch die Nordmark, aus der dann im Lauf der Zeit die Mark Brandenburg wurde. Deren Markgrafen wurden seit dem 13. Jahrhundert zu den Kurfürsten gezählt. Bis 1945 umfasste die Mark Brandenburg ein Gebiet, das von der westlich der Elbe gelegenen und heute zu Sachsen-Anhalt gehörenden Altmark bis zur Neumark an Netze und Warthe in Polen reichte.

Das heutige Bundesland Brandenburg ist immerhin noch ca. 30.000 km² groß. Jährlich übernachten hier 14 Mio. Touristen. Mit ca. 2,5 Mio. Einwohnern ist es die am dünnsten besiedelte Region Deutschlands; auf 1 km² leben durchschnittlich 85 Menschen. Zum Vergleich: In ganz Deutschland leben im Durchschnitt 233 Menschen auf 1 km². Auf unseren Wanderungen werden wir daher vor allem in den abseits von Berlin und Potsdam gelegenen waldreichen Landesteilen selten einem Menschen begegnen.

Mittendrin befindet sich die Bundeshauptstadt Berlin. In ihr leben heute ca. 3,7 Mio. Menschen auf einer Fläche von ca. 900 km². Mit ihren vielen Sehenswürdigkeiten wird sie jährlich von über 34 Mio. Touristen aus aller Welt besucht. Von 1946 bis zum Ende der DDR 1989 war die Stadt geteilt. West-Berlin wurde 1961 durch die Mauer vollständig von Ost-Berlin und seiner Umgebung abgeriegelt. Heute ist dies schon fast vergessene Geschichte; von der Mauer um Berlin ist nur noch wenig zu finden.

Entlang der nun wieder aus der Stadt führenden S-Bahn-Linien sind in den letzten Jahren neue Wohngebiete entstanden; es hat sich ein sogenannter Speckgürtel entwickelt, der aber bei Weitem nicht so ausgeprägt ist wie in anderen großen Ballungsräumen. Heute leben im Großraum Berlin über 4,6 Mio. Einwohner. Zu diesem gehört auch die unmittelbar vor den Toren Berlins gelegene Landeshauptstadt Potsdam mit ca. 178.000 Einwohnern. Auf diese Metropolregion hin ist sämtliche Infrastruktur des Landes Brandenburg ausgerichtet. Die etwas weiter in der Peripherie gelegenen Landstriche wie die Prignitz, der Fläming, der Spreewald, das Oderbruch oder die Uckermark sind dünn besiedelt und überwiegend landwirtschaftlich geprägt. Bei Cottbus befinden sich mehrere Braunkohleabbaugebiete, die in den

Findlinge sind Zeugen der Eiszeit.

Raben im Hohen Fläming.

letzten Jahren bis auf vier Tagebaue stillgelegt worden sind. Bis 2010 wurden sie im Rahmen der Internationalen Bauausstellung rekultiviert und zu Erholungsgebieten entwickelt, die sich harmonisch in die vorhandenen Naturlandschaften einfügen bzw. diese ergänzen sollen.
Die Landschaft, die sich uns heute außerhalb bebauter Gebiete darbietet, ist eiszeitlich geprägt. Sie entstand in Folge mehrerer Eiszeiten, die durch Warmzeiten unterbrochen waren. Die Saale-Eiszeit endete vor 130.000 Jahren; einige Moränenzüge im Süden Brandenburgs künden noch heute von ihr. Die Weichseleiszeit ging vor 10.000 Jahren zu Ende. An sie erinnern noch zahlreiche Moränen, Findlinge, Urstromtäler und Seen.
Die Flusstäler von Havel und Spree entsprechen in weitem Verlauf den großen Urstromtälern, nämlich dem Berliner, dem Eberswalder und dem Glogau-Baruther Urstromtal. Diese Niederungen werden hier auch teilweise »Bruch« genannt.
Dazwischen befinden sich verschiedene Moränenketten, die die Gletscherränder der einzelnen Vereisungen markieren. Sie haben teilweise mittelgebirgsartigen Charakter mit tief eingeschnittenen Tälern und steilen Hängen. Beispielhaft seien die Rauener Berge (153 m) bei Bad Saarow (Tour 18), die Müggelberge in Berlin (Tour 15), der Saarmunder Endmoränenbogen mit dem Kleinen Ravensberg (114 m) südlich von Potsdam (Touren 31 und 32) und im Westen der Hohe Fläming (Touren 24–28) genannt. Die höchste Erhebung in Brandenburg ist die unweit der Grenze zu Sachsen liegende Heidehöhe (201,4 m). Während des Abschmelzens in den Endphasen der einzelnen Eiszeiten entstanden unter dem Eis Schmelzwasserrinnen, die in Nord-Süd-Richtung zu den Urstromtälern entwässerten. Die häufig zu findenden Rinnenseen-Ketten z. B. im Schlaubetal (Touren 44 und 46) oder der Gamengrund zwischen Eberswalde und Strausberg mit 20 aneinander-

gereihten Seen erinnern daran. Im fortgeschrittenen Stadium der Tauwetterperiode blieben auch zahlreiche mehr oder weniger große Eisblöcke zurück, da das Eis nicht gleichmäßig niedertaute. Diese sogenannten Toteisblöcke oder Sölle blieben noch lange Zeit erhalten, während die Umgebung bereits eisfrei war. Nach dem vollständigen Abschmelzen entstand auf diese Weise die heutige Seenlandschaft (ca. 10.000 Seen) vor allem im Norden Brandenburgs. Viele dieser Seen verlandeten im Lauf der Zeit und bilden heute die überall zu findenden »Luch« oder »Fenn« genannten Moore und sumpfigen Niederungen.

Während der Wiedererwärmung des Erdklimas entwickelte sich in den bereits eisfreien Gebieten zunächst eine Tundra mit Moosen, Flechten, Gräsern und Zwergsträuchern, wie wir sie aus Nordskandinavien kennen. Im Lauf der Jahrtausende wandelte sich die Vegetation. Heute findet man auf den kargen, sandigen Böden ausgedehnte Waldgebiete. Vor allem im Norden gedeihen großflächige Laub- und Mischwälder mit reichem Unterwuchs. In den Kiefernwäldern, die hierzulande häufig Heide genannt werden und hauptsächlich im Süden vorkommen, dominieren Blaubeeren, Preiselbeeren und Heidekraut. Eine Besonderheit sind die Trockenhänge am Rande des Oderbruchs nördlich von Frankfurt (Oder), auf denen im Frühjahr in großer Zahl die seltenen Frühlings-Adonisröschen blühen. Diese typischen Pflanzen der westasiatisch-sibirischen Steppenregion haben in Brandenburg ihr westlichstes Verbreitungsgebiet.

Der Reisende wird immer wieder über die noch zahlreich vorhandenen, Schatten spendenden Alleen erfreut sein, die im 18. Jahrhundert auf Anordnung des preußischen Königs Friedrich Wilhelm I. entlang der Heerstraßen, Poststraßen und Handelswege gepflanzt worden sind.

Um diese deutschlandweit herausragende, reiche Kultur- und Naturlandschaft auch für spätere Generationen zu erhalten, wurden zusätzlich zu den bereits vorhandenen Naturschutzgebieten mehrere Großschutzgebiete eingerichtet, wie der Nationalpark Unteres Odertal, die Biosphärenreservate Flusslandschaft Elbe-Brandenburg, Schorfheide-Chorin und Spreewald sowie elf Naturparks. Damit steht ein Drittel der Landesfläche Brandenburgs unter Schutz.

In den großen Waldgebieten lebt neben dem überall vorkommenden jagdbaren Wild beispielsweise auch der sehr seltene Schwarzstorch. Mittlerweile haben hier auch zahlreiche Wölfe eine Heimat gefunden: 59 Rudel und zehn Paare konnten 2020 nachgewiesen werden. Sie stehen unter strengem Artenschutz. Wanderer werden diese sehr scheuen Tiere jedoch nicht zu Gesicht bekommen. Vereinzelt werden auch immer wieder Elche gesichtet, die auf der Suche nach neuen Revieren durch die Wälder streifen.

Wiesen und Moore werden von Rebhuhn, Rohrammer, Kiebitz, Großem Brachvogel oder dem Wachtelkönig besiedelt. In den Feucht- und Seengebieten kann man neben Bibern und Fischottern manchmal See- und Fischadler beim Jagen beobachten. Der aufmerksame Wanderer wird die Horste

Kleines Schloss (1834) im Schlosspark Babelsberg.

der Fischadler entdecken, die diese Vögel nicht mehr nur auf hohen Bäumen, sondern auf den Hochspannungsmasten elektrischer Überlandleitungen errichten. Häufig sind auch Störche anzutreffen; 1300 Paare nisten jährlich in Brandenburg. Greifvögel bewohnen die offenen Agrarlandschaften. Hier ertönen im Frühsommer vielerorts Nachtigallengesänge und erfreuen auf ihre Weise den Wanderer. In zwei Schutzgebieten leben die vom Aussterben bedrohten Großtrappen, die größten flugfähigen Vögel Europas mit einer Flügelspannweite bis 2,40 m. Ein besonderes Naturschauspiel findet immer im Frühjahr und Herbst an den größeren Seen und in den Feuchtgebieten statt: Auf dem Vogelzug rasten dann Tausende nordischer Gänse, Enten und Kraniche, von denen einige Paare hier auch brüten, und stärken sich für den Weiterflug.
■ Landesamt für Umwelt, Seeburger Chaussee 2, 14776 Potsdam, Ortsteil Groß Glienicke, Tel. +49 33201 442-0, www.natur-brandenburg.de

Nationalpark Unteres Odertal
Nördlich des Oderbruchs erstreckt sich diesseits und jenseits der polnischen Grenze der 1172 km² große Nationalpark Unteres Odertal. Hier soll über die Hälfte des Gebietes dem Willen der Natur überlassen bleiben. Nach niederländischem Vorbild wurde hier einst das Flussgebiet großflächig eingedeicht. So entstand eine in Deutschland einzigartige Polderlandschaft, die viele seltene oder geschützte Pflanzen und Tiere, darunter den Biber, beherbergt.
■ Nationalpark Unteres Odertal, Besucherzentrum, Park 2, 16303 Schwedt/Oder Ortsteil Criewen, Tel. +49 3332 26770, www.nationalpark-unteres-odertal.eu

- MomentUM e. V., Touristinformation Schwedt, Vierradener Str. 31, 16303 Schwedt/Oder, Tel. +49 3332 25590, www.unteres-odertal.de

Biosphärenreservat Flusslandschaft Elbe-Brandenburg
Wo einst die innerdeutsche Grenze verlief, blieb eine der letzten intakten Flusslandschaften Mitteleuropas mit zahlreichen Sandbänken, Flutrinnen, Altarmen und Auwäldern erhalten, die vielen Pflanzen und Tieren Lebensraum bieten. Das Biosphärenreservat liegt auf dem Gebiet von fünf Bundesländern (Brandenburg, Mecklenburg-Vorpommern, Niedersachsen, Schleswig-Holstein und Sachsen-Anhalt). Auf einer Strecke von 400 km durchfließt die Elbe ein Schutzgebiet von 3750 km². Davon liegen 533 km² auf brandenburgischem Gebiet. Im Sommer brüten hier weit über 100 Storchenpaare, davon allein im Storchendorf Rühstädt 30 bis 40 Paare. An der Elbe kann man noch den natürlichen Hochwasserrhythmus beobachten. Typisch sind die Sommerhochwasser, dann schwillt der Fluss zu einem großen See an. Während des großen Vogelzugs im Frühjahr und im Herbst rasten Tausende Kraniche, Gänse, Schwäne und andere Wasservögel in den Überflutungsgebieten und erholen sich von ihrer langen Reise. Der brandenburgische Teil des Biosphärenreservates ist daher als europäisches Vogelschutzgebiet ausgewiesen. Im Besucherzentrum Rühstädt des Naturschutzbunds Deutschland (NABU) kann man sich umfassend über das Leben des Weißstorchs informieren.

- Besucherzentrum Rühstädt, Neuhaus 9, 19322 Rühstädt,
  Tel. +49 38791 98025, www.nabu-ruehstaedt.de,
  www.elbe-brandenburg-biosphaerenreservat.de
- Tourismusverband Prignitz, Tel. +49 3876 30741920, www.dieprignitz.de

Biosphärenreservat Schorfheide-Chorin
Eine eindrucksvolle Kulturlandschaft mit rund 240 Seen, Tausenden Mooren und ausgedehnten Wiesen und Äckern umfasst das Biosphärenreservat Schorfheide-Chorin (Touren 3–5), eines der größten Schutzgebiete Deutschlands. Im Zentrum liegt die Schorfheide, einst traditionelles Jagdgebiet der Könige, Kaiser und Staatsratsvorsitzenden. Heute ist es ein Paradies für Wanderer und Radfahrer.

- Biosphärenreservat Schorfheide-Chorin, Tel. +49 3331 36540,
  www.schorfheide-chorin-biosphaerenreservat.de
- Touristinformation im Kloster Chorin, Tel. +49 33366 70377,
  www.kloster-chorin.org

Biosphärenreservat Spreewald
Der 475 km² große Spreewald (Touren 47–49) ist mit seinem fein gegliederten Netz von Fließen eine einzigartige Landschaft in Mitteleuropa. Das sehr geringe Gefälle der Spree (15 cm je km) bewirkt, dass sich der Fluss in zahlreiche Fließe verästelt, die zusammengerechnet eine Länge von 1000 km

Badestrand bei Beckersmühle (Tour 2).

ergeben. Generationen von sorbisch-slawischen und deutschen Siedlern haben über Jahrhunderte hinweg vom Kahn aus den Urwald kultiviert. Dabei entstand ein Mosaik aus kleinen Wiesen, Äckern und Wald. Auch auf das Geflecht der Fließe hat der Mensch Einfluss genommen. Die natürlichen Wasserläufe wurden um große und kleine Kanäle ergänzt und ein ausgeklügeltes System zur Regulierung des Wasserstandes errichtet. Diese weitgehend naturnahe Auenlandschaft bietet Lebensraum für viele andernorts bedrohte oder ausgestorbene Pflanzen- und Tierarten (Seeadler, Fischadler, Kranich, Schwarzstorch, Fischotter).

Heute leben im Spreewald noch ungefähr 10.000 Vertreter der sprachlichen Minderheit der Sorben, von denen leider immer weniger ihre Muttersprache sprechen. Dem Besucher fallen vor allem die zweisprachigen Ortsschilder auf. Bei einer Fahrt im traditionellen Spreewaldkahn kann man die zauberhafte Landschaft erleben. Viele Rad- und Wanderwege ermöglichen abwechslungsreiche Touren.

- Biosphärenreservat Spreewald, Tel. +49 3542 89210, www.spreewald-biosphaerenreservat.de
- Informationszentren: Schlossberghof Burg, Byhleguhrer Str. 17, 03096 Burg, Tel. +49 35603 6910
- Haus für Mensch und Natur, Schulstr. 9, 03222 Lübbenau (Spreewald), Tel. +49 3542 89210
- Alte Mühle Schlepzig, Dorfstraße 52, 15910 Schlepzig, Tel. +49 35472 276
- Spreewald-Touristinfo, Ehm-Welk-Str. 15, 03222 Lübbenau, Tel. +49 3542 887040, www.lueebbenau-spreewald.com

Naturparks in Brandenburg

Über die gesamte Landesfläche verstreut liegen elf Naturparks, von denen diejenigen kurz beschrieben werden sollen, die Wanderer anhand dieses Buches kennenlernen.

Der **Naturpark Stechlin-Ruppiner Land** (Touren 1 und 2) im Norden grenzt an Mecklenburg-Vorpommern. Große Buchenwälder, in die zahlreiche Seen eingebettet sind, charakterisieren die Landschaft. Am bekanntesten ist der Große Stechlinsee, einer der klarsten Seen Deutschlands.

- Naturpark Stechlin-Ruppiner Land, Tel. +49 33082 40711, www.stechlin-ruppiner-land-naturpark.de
- Naturparkhaus Stechlin, Kirchstr. 4, 16775 Stechlin-Menz, Tel. +49 33082 51210, www.naturparkhaus.de
- Tourist-Information Rheinsberg, Mühlenstr. 15 a, 16831 Rheinsberg, Tel. +49 33931 34940, www.rheinsberg.de
- Tourismusverband Ruppiner Seenland, Tel. +49 3391 659630, www.ruppiner-seenland.de

Am besten von Berlin aus erreichbar ist der **Naturpark Barnim** (Touren 9 und 10). Er liegt zwischen den Städten Eberswalde, Oranienburg und der Hussitenstadt Bernau (mit mittelalterlicher Stadtmauer), ein Teil seines Gebietes gehört zu den Berliner Stadtbezirken Pankow und Reinickendorf. Geprägt wird er durch die vielen kleinen und großen Seen, die in die ausgedehnten Wald- und Feldfluren eingebettet sind.

- Naturpark Barnim, Naturparkzentrum »Barnim Panorama«, Breitscheidstr. 8–9, 16348 Wandlitz, Tel. +49 3337 29990, www.barnim-naturpark.de
- Tourist-Information Bernau, Bürgermeisterstr. 4, 16321 Bernau, Tel. +49 3338 365365, www.bernau-bei-berlin.de

Der **Naturpark Märkische Schweiz** (Touren 11–13) ist auf halber Strecke zwischen Berlin und der Oder. Im Zentrum befindet sich, am Schermützelsee gelegen, Buckow, seit 1900 Kur- und Erholungsort. Von den steilen Endmoränen der Umgebung bieten sich weite Ausblicke über Wälder, Seen und Moore.

- Naturpark Märkische Schweiz, Besucherzentrum »Schweizer Haus«, Lindenstr. 33, 15377 Buckow, Tel. +49 33433 15840, www.maerkische-schweiz-naturpark.de
- Umweltzentrum Drei Eichen, Tel. +49 33433 201, www.dreichen.de
- Tourist-Info Märkische Schweiz, Sebastian-Kneipp-Weg 1, 15377 Buckow, Tel. +49 33433 150031, www.maerkischeschweiz.eu

Im Westen an der Grenze zu Sachsen-Anhalt liegt der **Naturpark Westhavelland** (Tour 19). Er stellt eines der größten zusammenhängenden

Klein Briesen.

Feuchtgebiete im Binnenland des westlichen Mitteleuropas dar und wird von der Havel durchflossen.
- Naturpark Westhavelland, Tel. +49 33872 7430; NaturparkZentrum Westhavelland, Stremmestr. 10, 14715 Milow, Tel. +49 3386 211227, www.westhavelland-naturpark.de
- Tourismusverein Westhavelland, Freier Hof 5, 14712 Rathenow, Tel. +49 3385 514991, www.westhavelland.de

Etwa 80 km südwestlich Berlins liegt der **Naturpark Hoher Fläming** (Touren 23–28). Große unzerschnittene Waldgebiete, in denen man immer wieder eiszeitliche Findlinge entdeckt, baumreiche Alleen und tief eingeschnittene Trockentäler kennzeichnen die Landschaft. Die Belziger Landschaftswiesen bieten neben zahlreichen Watvögeln der sehr seltenen Großtrappe Lebens- und Rückzugsraum. Von einem Beobachtungsturm bei Freienthal kann sie gut beobachtet werden.
- Naturpark Hoher Fläming, Tel. +49 33848 90030, www.hoher-flaeming-naturpark.de
- Naturparkzentrum »Alte Brennerei«, Brennereiweg 45, 14823 Rabenstein, Tel. +49 33848 60004
- Tourismusverband Fläming, Tel. +49 33204 62870, www.reiseregion-flaeming.de
- Tourist-Information Bad Belzig, Marktplatz 1, 14806 Bad Belzig, Tel. +49 33841 94900, www.belzig.com

Zwischen den Flüssen Nuthe und Nieplitz im Süden Berlins liegt der sehr dünn besiedelte **Naturpark Nuthe-Nieplitz** (Touren 31–34 und 36–38). Von den am Rand gelegenen Moränenketten kann man die teilweise ganzjährig überfluteten Wiesen und naturnahen Bruchwälder überblicken, die ein hervorragender Lebensraum für Wat- und Wasservögel sind. Im Frühjahr und Herbst rasten hier unzählige Wildgänse und Kraniche. Von einigen Beobachtungstürmen u. a. bei Blankensee (Tour 37) und Stangenhagen (Tour 33) sind sie gut zu betrachten.

- Naturpark Nuthe-Nieplitz, Tel. +49 33732 50611
- NaturParkZentrum am Wildgehege Glauer Tal, Glauer Tal 1, 14959 Trebbin, Ortsteil Blankensee, Tel. +49 33731 700462, www.naturpark-nuthe-nieplitz-naturpark.de
- Tourismus-Information Beelitz, Poststr. 15, 14547 Beelitz, Tel. +49 33204 39155, www.beelitz.de
- Stadtinformation Treuenbrietzen, Großstr. 61–63, 14929 Treuenbrietzen, Tel. +49 33748 74778, www.treuenbrietzen.de
- Fläming Walk Zentrum, Rudi-Dutschke-Platz 1, 14947 Nuthe-Urstromtal Ortsteil Schönefeld, Tel. +49 3371 6893572, www.flaeming-walk.de

Südöstlich vor den Toren Berlins erstreckt sich das Naherholungsgebiet des **Naturpark Dahme-Heideseen** (Touren 41 und 42). Wanderer, Reiter und Radfahrer finden hier ein weites Betätigungsfeld. Über 100 Seen, zahlreiche Fließgewässer, Bruchwälder, Moore, Dünen und markante Endmoränenerhebungen bestimmen das Erscheinungsbild des Naturparks.

- Naturpark Dahme-Heideseen, Tel. +49 33768 9690, www.dahme-heideseen-naturpark.de
- Besucherzentrum Burg Storkow, Schloßstr. 6, 15859 Storkow, Tel. +49 33678 73108, www.storkow.de
- Brandenburgisches Fischereimuseum Köllnitz, Groß Schauener Hauptstr. 31, 15859 Storkow, Tel. +49 33678 62006, www.koellnitz.de

Südlich von Frankfurt befindet sich im Osten Brandenburgs der **Naturpark Schlaubetal** (Touren 44–46), der von den mühlenreichen Bächen Oelse, Demnitz, Dorche und Schlaube durchzogen wird. Ein schöner Wanderweg führt entlang der Schlaube von Müllrose durch Auwälder und Wiesen und entlang einiger Seen zum Wirchensee.

- NP Schlaubetal, Tel. +49 33655 591732, www.schlaubetal-naturpark.de
- Schlaubetal-Information, Markt 5, 15299 Müllrose, Tel. +49 33606 77290, www.muellrose.de
- Besucherinformation Neuzelle, Stiftsplatz 7, 15898 Neuzelle, Tel. +49 33652 6102, www.neuzelle.de

Eine im Süden Brandenburgs gelegene 160 m hohe Altmoränenlandschaft beherbergt den **Naturpark Niederlausitzer Landrücken** (Tour 50). In den

Naturparkzentrum in Raben.

Kiefern- und Eichenwäldern leben neben dem Raufußkauz auch Seeadler und Bergmolch. Am Fuß des Niederlausitzer Landrückens findet man zahlreiche kleine Moore und Bachtäler mit vielen Wassermühlen. Sehenswert ist die historische Altstadt von Luckau und Fürstlich-Drehna.

- Naturpark Niederlausitzer Landrücken, Tel. +49 35324 3050, www.niederlausitzer-landruecken-naturpark.de
- Naturpark-Info, Alte Luckauer Str. 1, 15926 Luckau, Ortsteil Fürstlich Drehna
- Natur-Erlebniszentrum Wanninchen, 15926 Luckau, Ortsteil Görlsdorf, Tel. +49 5527 914341, www.sielmann-stiftung.de
- Freilichtmuseum Höllberghof Langengrassau, Heideweg 3, 15926 Heideblick, Tel. +49 35454 7405, www.hoellberghof.de
- Tourismusverband Niederlausitzer Land, Tel. +49 3544 1299710, www.niederlausitz.com

Folgende Doppelseite: Am Großen Tornowsee in der Märkischen Schweiz (Tour 11).

TOP 1 — Großer Stechlinsee

↗ 50 m | ↘ 50 m | 15.7 km.
4.00 h

Einer der klarsten Seen Deutschlands

»Der Stechlin«, Theodor Fontanes letzter Roman (1897), spielt am Großen Stechlinsee, zu dessen Ostufer diese Wanderung führt. Dieser See ist 68 m tief und äußerst nährstoffarm. Dadurch ist sein Wasser ganz klar, was in Norddeutschland sehr selten ist. Der Kleine Stechlinsee jedoch ist nach dem Bau des Polzowkanals verlandet. Die Fontane-Maräne lebt nur im Großen Stechlinsee. Der Fischadler erreicht hier eine hohe Brutdichte. Unsere Wanderung führt an sechs Seen entlang, die an mehreren Stellen zum Baden einladen. Sie gehören zum Naturpark Stechlin-Ruppiner Land, das im Norden an die Mecklenburgische Seenplatte grenzt.

Ausgangspunkt: Neuglobsow, 68 m; Bus 836 ab Gransee und 839 ab Fürstenberg; am Wochenende Rufbus, telefonische Anmeldung 90 Min. vorher, Tel. +49 3306 2307; Navi: 16775 Neuglobsow, Stechlinseestraße.
Anforderungen: Bequeme Waldwege.
Einkehr: Neuglobsow und Steinförde.
Karten: Rheinsberg, Neuruppin, Ruppiner Schweiz, 1:50.000 (BAR); Rheinsberger Seengebiet, 1:25.000 (LGB).
Tipp: Glasmacherhaus (Museum), Tel. +49 33082 702020.
Variante: 20 Min. nach Wegpunkt ❾ bietet sich an einem Wegweiser links ein Weg über den Fenchelberg mit schönem Blick über den See an, der bei ❷ wieder auf die Hauptroute trifft.

Unsere Wanderung beginnen wir am Ortseingang von **Neuglobsow** ❶. Hier befinden sich die Bushaltestelle und Parkplätze. Wir gehen durch den Ort in Richtung Stechlinsee. Gleich zu Beginn haben wir rechts einen Blick auf den schilfbestandenen Dagowsee. Dann passieren wir das Fontanehaus, eine Gaststätte, in der sich Theodor Fontane mehrmals aufgehalten und an seinem Roman »Der Stechlin« geschrieben haben soll. Nun kommen wir in den Wald hinein; an einem Spielplatz biegen wir rechts ab und folgen einer Gelbstrich-Markierung. An einer **Weggabelung** ❷ halten wir

Blick vom Fenchelberg über den Großen Stechlinsee.

uns rechts und wandern zuerst an einem Moor, dann am Nordufer des **Dagowsees** ❸ entlang zu einem asphaltierten Radweg, der von Dagow heranführt. Hier gehen wir nach links weiter. Nun ist die Markierung ein blauer Strich, wir sind auf dem Europäischen Fernwanderweg E 10. Dann kommen wir wieder zu einer Gabelung und nehmen den rechten Waldweg, der bald ansteigt. Links ist immer wieder der Wasserspiegel des

Am Großen Glietzensee mit Blick zum Forsthaus Schönhorn.

Peetschsees durch die Bäume zu sehen. An einer Wetterschutzhütte lädt der **Augustablick** ❹ zur Rast ein. Dieser Aussichtspunkt ist nach der Großherzogin Augusta Caroline von Mecklenburg-Strelitz benannt. Nun zweigt die Blaustrich-Markierung links ab und führt über mehrere Stufen zum Peetschsee hinunter, dessen tiefste Stelle 20 m unter dem Meeresspiegel liegt. Vorbei an der Nordbucht des Sees kommen wir zu einer Waldstraße, hier geht es links weiter und nach etwa 900 m erreichen wir die Ortschaft **Steinförde** ❺ an der Havel. Eine wenig befahrene Asphaltstraße führt uns links zum **Menowsee** ❻; von dort wandern wir auf einem schönen Waldweg mit Gelbstrich-Markierung zum Südufer des Kleinen Glietzensees, den man rechts durch die Bäume sehen kann.

Nach ungefähr 2 km treffen wir am **Fünfstern** ❼ mit Wetterschutzhütte wieder auf einen Radweg. Diesem folgen wir links ca. 300 m, bis rechts – etwas versteckt – die Markierung zum Ufer des **Großen Glietzensees** ❽ führt. Nach etwa 1 km kann man auf dem gegenüberliegenden Ufer das Forsthaus Schönhorn sehen. Kurz danach verlassen wir den See und erreichen den mit blauem Strich markierten Fernwanderweg E 10, der uns geradeaus nach wenigen Minuten zur Nordbucht des **Großen Stechlinsees** ❾ führt. An seinem Ostufer geht es in schönem Eichenwald südwärts. Vorbei an der Fischerei und der bekannten **Weggabelung** ❷ am Spielplatz wandern wir nach **Neuglobsow** ❶ zurück.

↗ 60 m | ↘ 60 m | 11.9 km

3.20 h

Rund um den Großen Zechliner See 2

Wanderung im Naturpark Stechlin-Ruppiner Land

Wie die meisten Seen im Rheinsberger Seengebiet weist auch der Große Zechliner See eine ausgezeichnete Wasserqualität auf. Ein ausgeschilderter, schattiger Wanderweg mit mehreren Infotafeln und Rastplätzen beginnt in Flecken Zechlin und führt um den ganzen See herum. Der Wanderer kommt dabei an mehreren Badestellen, Campingplätzen und Bootsliegeplätzen vorbei. Den besonderen Reiz von Flecken Zechlin macht seine Lage entlang der Hänge am Schwarzen See aus. Selten findet man in Brandenburg einen Ort, wo man einen solch schönen Ausblick über Ort und See hat.

Ausgangspunkt: Flecken Zechlin, Marktplatz, 67 m; im Sommer Bus 785 ab Rheinsberg; Navi: 16837 Flecken Zechlin, Amtstraße.
Anforderungen: Wald- und Feldwege.
Einkehr: In Flecken Zechlin; Beckersmühle: Hotel Gutenmorgen, Tel. +49 33 92370275, www.hotel-gutenmorgen.de.
Karten: Rheinsberg, Neuruppin, Ruppiner Schweiz und Umgebung, 1:50.000 (BAR); Rheinsberger Seengebiet, 1:25.000 (LGB).

Kirche in Flecken Zechlin.

An der Schookablage.

Am kleinen Marktplatz in **Flecken Zechlin** ❶ neben der 1775 erbauten Kirche und einer mehr als 200 Jahre alten Eiche beginnen wir unsere Wanderung und gehen auf der Amtstraße zum Ufer des Schwarzen Sees hinunter. Das große Gebäude am Ende der Straße kennzeichnet die Stelle, an der bis ins 14. Jahrhundert ein Zisterzienserkloster stand, das schon 1306 einer Burg der brandenburgischen Kurfürsten weichen musste, bis sie ihrerseits, mittlerweile zum Schloss umgebaut, 1721 abbrannte. Das heutige Gebäude diente anfangs als Amtshaus für die königliche Domänenverwaltung und steht heute leer. Auf dem Uferweg laufen wir geradeaus weiter und halten uns an der Parkstraße rechts. Immer wieder haben wir einen schönen Blick über den Schwarzen See. An der nächsten **Abzweigung** ❷ biegen wir rechts ab und gelangen nach wenigen Minuten zur Kanalbrücke, auf der wir den Zechliner Kanal überqueren. Zunächst gehen wir einige Minuten auf einem Pflastersträßchen, zweigen aber wenig später links auf einen Pfad ab, der uns ans Ufer des Großen Zechliner Sees und zu einem Badestrand führt. Nach 25 Min. auf schattigem Weg durch den Uferwald kommen wir zu einem

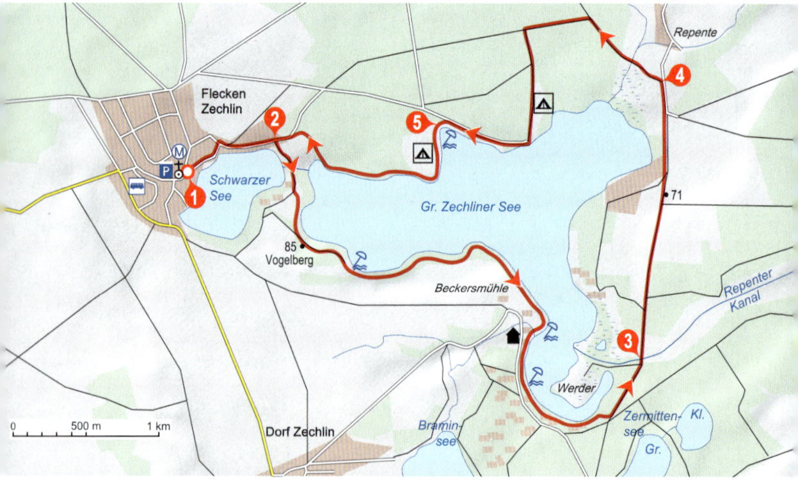

Feldweg bei Repente.

zweiten Badestrand im Ortsteil Beckersmühle. Vorbei an zahlreichen Bootsliegeplätzen erreichen wir nach 1 km die Brücke über den **Repenter Kanal** ❸, der den Großen Zechliner See an die Rheinsberger Seen anbindet. Nun müssen wir auf einem Feldweg durch eine abwechslungsreiche Wald- und Wiesenlandschaft bis in den kleinen Ort **Repente** ❹ wandern, wo wir an einem Reiterhof links abbiegen. Über Koppeln gelangen wir wieder in den Wald und wandern auf dem sogenannten Franzosenweg, der seit den napoleonischen Feldzügen so heißt, zu einer Gabelung. Hier halten wir uns links und nach zehn Minuten biegen wir an einem Wegweiser noch einmal links ab. An der Rehwiese vorbei wandern wir zu zwei benachbarten Campingplätzen am Ufer des Großen Zechliner Sees. Auf dem ersten war bis ins 19. Jahrhundert die Siedlitzablage, wo Holz gelagert wurde und auf den Abtransport nach Berlin wartete. Auf dem zweiten Campingplatz an der Schookablage gibt es eine schöne **Badestelle** ❺.

Nachdem wir den anschließenden Bootsliegeplatz passiert haben, müssen wir aufpassen, denn nach wenigen Schritten biegt der Weg rechts ab und führt vom See weg. Wir aber nehmen den schmalen, unscheinbaren Weg, der links abzweigt und in Ufernähe bleibt. Auf ihm kommen wir nach einer Viertelstunde zu einer großen Wiese. An ihrer rechten Seite geht es vom See weg und unter Birken zu einem Waldweg, wo wir uns links halten und nach 5 Min. zur **Abzweigung** ❷ in Flecken Zechlin zurückkommen. Auf dem uns schon bekannten Weg gelangen wir über die Amtstraße wieder zurück zum Marktplatz in **Flecken Zechlin** ❶.

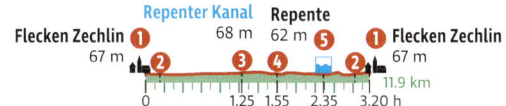

↗ 80 m | ↘ 80 m | 14.0 km

3 Naturerlebnis Blumberger Mühle

3.30 h 🚌 👫

Von den Blumberger Teichen zum Wolletzsee

Das am Rande des Biosphärenreservats Schorfheide-Chorin gelegene Informationszentrum Blumberger Mühle ist vor allem für Familien mit Kindern ein beliebtes Ausflugsziel. Verschiedene der Jahreszeit angepasste Veranstaltungen, Ausstellungen und ein großes Freigelände informieren über die Tier- und Pflanzenwelt der Region. Dem Wanderer bieten sich von hier aus viele Ausflugsmöglichkeiten, u. a. eine schöne Rundwanderung zum Wolletzsee.

Ausgangspunkt: Informationszentrum Blumberger Mühle, 39 m; im Sommer Bus 496 ab Bhf. Angermünde; Navi: 16278 Angermünde, Blumberger Mühle 1.
Anforderungen: Bequem begehbare Feld- und Waldwege.
Einkehr: Unterwegs keine; Blumberger Mühle.

Karten: Angermünde, Eberswalde, Niederfinow, Bad Freienwalde (Oder), 1:50.000 (BAR); Naturpark Uckermärkische Seen Ost/Uckerseen, 1:50.000 (LGB).
Tipp: NABU-Naturerlebniszentrum Blumberger Mühle, Tel. +49 3331 26040, www.blumberger-muehle.de.

Vom Parkplatz vor dem **Informationszentrum Blumberger Mühle** ❶, das in Form eines hohlen Baumstumpfes gebaut worden ist, wandern wir auf dem schmalen Sträßchen zu den ehemaligen Fischteichen. Häufig sind dort See- und Fischadler und – besonders zur Zeit des Vogelzuges –

Krähmühlenbrücke über die Welse.

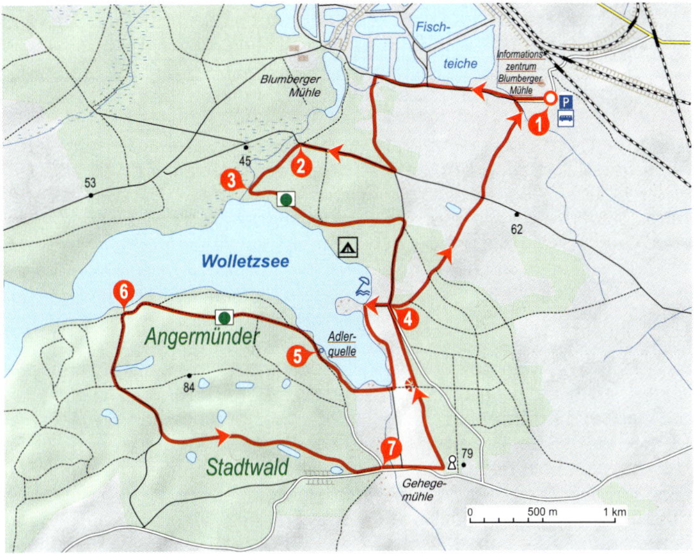

verschiedene nordische Wildgänse und -enten zu beobachten. Kurz vor der alten, eigentlichen Wassermühle zweigen wir an einem Rastplatz mit Infotafel nach links ab und wandern auf einem Waldweg durch einen Bruchwald, bis wir nach zehn Minuten an eine große Kreuzung am Waldrand kommen. Hier biegen wir nach rechts ab und wandern ohne Markierung zur Krähmühlenbrücke. Kurz zuvor biegen wir jedoch an einem **Wegweiser** ❷ nach links ab und gehen am Welsebruch entlang zum **Wolletzsee** ❸. Der Weg ist ab der Brücke mit grünem Punkt markiert.

Vom etwas erhöht verlaufenden Uferpfad haben wir eine schöne Aussicht durch die Bäume aufs gegenüberliegende Ufer. Der Weg führt schließlich am Zaun des **Strandbads Wolletzsee** ❹ entlang. Unmittelbar dahinter halten wir uns rechts, gehen an einer Bungalowkolonie mit Bootshäusern entlang und biegen schließlich hinter der Siedlung am Südende des Wolletzsees nach rechts ab.

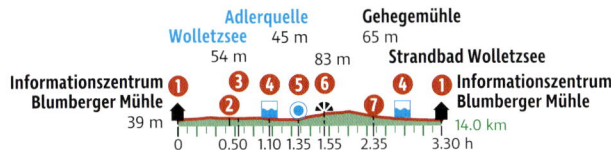

Mit Blick zur Gehegemühle geht es mit der Grünpunkt-Markierung an einer großen Viehweide entlang zum Anglerheim und dort links in den Wald. Nach wenigen Minuten erreichen wir einen Waldweg, der uns zur unmittelbar am Ufer gelegenen, stark eisenhaltigen **Adlerquelle** ❺ mit schönem Rastplatz bringt.

Nun steigt der Weg an und führt durch ein Windwurfgebiet mit mehreren umgestürzten Bäumen und kurz darauf oberhalb eines Quellhangs mit vielen nassen Stellen entlang. Dann kommen wir wieder Richtung Ufer mit **Blick** ❻ auf den unten liegenden See und verlassen gleich darauf den Uferweg. Durch den mit alten Buchen bestandenen Angermünder Stadtwald schlängelt sich unser Weg ohne Markierung nun aufwärts zu einem Kesselsee und zu zwei hintereinander liegenden Weggabeln, an denen wir uns jeweils links halten. Immer wieder können wir abseits des Wegs größere Findlinge und einige kleine Tümpel entdecken.

Auf einem Forstweg erreichen wir nach einiger Zeit eine Landstraße. Auf dieser gehen wir nach links durch den Ort **Gehegemühle** ❼ und biegen am Waldrand nochmals nach links ab. Hier beginnt an einem Gedenkstein für Walter Weiß der von ihm angelegte geologische Wanderpfad mit herrlicher Aussicht über den Wolletzsee. Unterwegs kommen wir an zahlreichen kleineren Findlingen vorbei und gelangen dann zu einer Asphaltstraße, die zum **Strandbad Wolletzsee** ❹ führt, an dem wir schon am Anfang dieser Wanderung vorbeigekommen sind. Wo die Straße eine Linkskurve beschreibt, wandern wir nach rechts in den Wald, halten uns an der nächsten Gabelung links und kommen gleich wieder aus dem Wald heraus. An einer Weide entlang, dann durch Felder erreichen wir schließlich wieder das **Informationszentrum Blumberger Mühle** ❶.

Blick über die Blumberger Teiche.

↗ 40 m | ↘ 30 m | 11.2 km

2.40 h
🚌 ✕ ♂♀

Von Britz zum Zisterzienserkloster Chorin — 4

Höhepunkt gotischer Klosterbaukunst

Ziel dieser Wanderung ist das nördlich von Eberswalde in einer waldreichen Endmoränenlandschaft gelegene Zisterzienserkloster Chorin, das als eines der letzten in Deutschland gegründet wurde. Die in der Nähe des kleinen Amtssees gelegene, teilweise nur noch als Ruine erhaltene Anlage ist wegen ihrer bedeutenden Backsteinarchitektur jährlich Ziel zahlreicher Besucher. Im Sommer finden darin beliebte Konzerte statt (Choriner Musiksommer).

Ausgangspunkt: Britz, 38 m, Bahnhof; Navi: 16230 Britz, Weberstraße.
Endpunkt: Chorin, 46 m, Bahnhof.
Anforderungen: Bequeme Waldwege.
Einkehr: Britz; Gaststätten in Ragöser Mühle und Kloster Chorin.
Karten: Angermünde, Eberswalde, Niederfinow, Bad Freienwalde (Oder), 1:50.000 (BAR); Schorfheide, 1:30.000 (LGB).
Tipp: Kloster Chorin, Tel. +49 3334 818472, www.kloster-chorin.org; Choriner Musiksommer: Tel. +49 3334 657310, www.choriner-musiksommer.de.

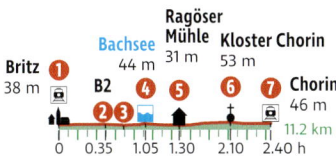

Nach Verlassen des Bahnhofs von **Britz** ❶ biegen wir in die südlich neben den Gleisen verlaufende Choriner Straße ein. Dort finden wir auch unsere Markierung (gelber Strich). Bald zweigen wir rechts in die Ragöser Straße ab und kurz darauf links in die Wiesenstraße, die uns rasch in den Wald führt. Vor einer Schranke nehmen wir den rechts abzweigenden, nicht markierten Waldweg und folgen diesem immer geradeaus. Kurz bevor wir auf einen Querweg treffen, entdecken wir links, hinter Bäumen versteckt, einen kleinen Waldsee. Wenige Schritte später treffen wir auf einen mit gelbem Strich markierten Weg. Hier gehen wir nach rechts, überschreiten einen kleinen Bach und kommen erst durch ein Wiesental und dann wieder durch Wald zur **B 2** ❷.

Jetzt geht es links auf dem parallel zur Bundesstraße etwas abseits im Wald angelegten Radweg weiter. Nachdem wir eine Schranke passiert haben, gelangen wir zu einer Gabelung, wo wir uns rechts halten. Nach 500 m führt uns die Gelbstrich-Markierung zu einer Bushaltestelle an der B 2. Vorsichtig queren wir die Bundesstraße und gehen auf der hier einmündenden Nebenstraße in 5 Min. nach **Neuehütte** ❸. Gleich am Ortseingang überqueren wir das Ragöser Fließ. Dann wandern wir geradeaus durch den kleinen Ort bis zum Waldrand. Hier folgen wir einer Gelbpunkt-Markierung, die auf einem schmalen Sträßchen zuerst nach rechts führt, nach wenigen Minuten aber nach links abbiegt und weiterhin am Waldrand entlangführt.

Wenig später verlässt sie das Sträßchen und führt schräg nach links an einer Schranke in den Wald hinein. Bald ist rechts unten ein verlandender Waldsee zu sehen. Unser Weg führt links um ihn herum und trifft auf einen Waldweg. Hier biegen wir links ab und erreichen kurz darauf den idyllisch gelegenen **Bachsee** ❹, um dessen Nordufer wir herumgehen. An einer großen Rast- und Badestelle führt uns die Markierung steil den Hang hinauf zu einem Waldweg. Diesem folgen wir nach links und gelangen nach wenigen Minuten zu einer alten Pflasterstraße (Wegweiser).
Auf dieser Pflasterstraße führt uns eine Grünstrich-Markierung weiter nach **Ragöser Mühle** ❺ an der B 2. Wir überqueren die Bundesstraße und biegen nach rechts in einen Weg, der uns zuerst zum Steilufer des Großen Heiligen Sees und dann nach Sandkrug führt, das wieder an der B 2 liegt. Wir biegen am Ortsanfang links in die Seestraße ab und laufen am Sportplatz vorbei durch die Siedlung. Auf einem asphaltierten Radweg wandern wir mit der

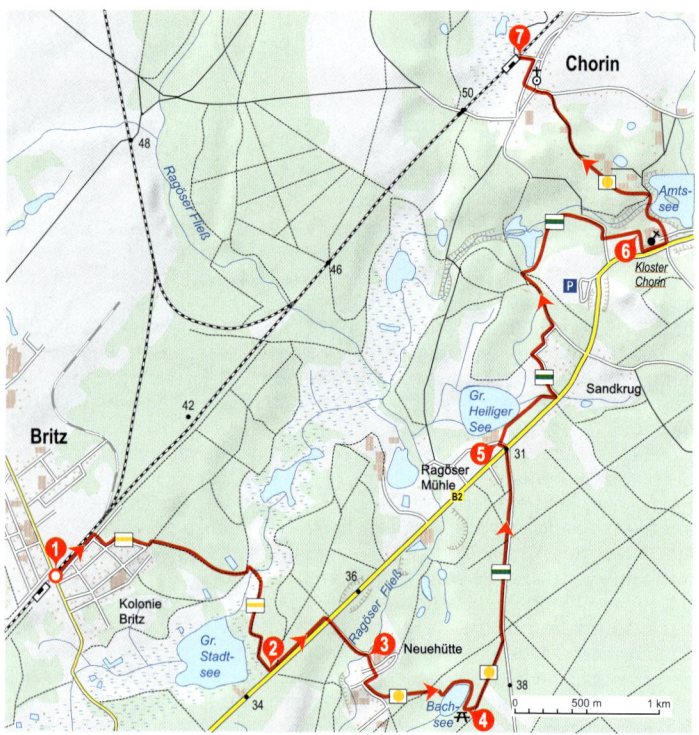

Kloster Chorin.

Grünstrich-Markierung erst in ein Bachtal hinab und dann in den Wald. Dort haben wir wieder ein kurzes Stück altes Kopfsteinpflaster unter den Füßen. Dann erreichen wir die Parklandschaft um das **Kloster Chorin** ❻. Auf einer langen geraden Allee laufen wir genau auf die beeindruckende Westfassade der gotischen Klosterkirche aus dem 13. Jahrhundert zu. Rechts gelangen wir vorbei an den Resten der Klostermühle zum an der B 2 gelegenen Klostereingang. Auf der Bundesstraße gehen wir entlang der großen Klosterscheune nach links und biegen am Ende dieses Gebäudes wieder nach links ab. Rechts sehen wir den Parkplatz der Alten Klosterschenke.

Hier zweigt links ein mit gelbem Punkt markierter Wanderweg ab, der uns zuerst östlich um die Klosterkirche herum und dann zum Ufer des Amtssees leitet. Nachdem wir den Nettelgraben überquert haben, der von den Mönchen zur Entwässerung des damals sumpfigen Geländes angelegt worden ist, folgen wir dem Wegweiser »Rundweg Schöne Aussicht«, gehen aber bei der nächsten Verzweigung geradeaus. Auf dem Klostersteig wandern wir über die bewaldeten Chorinchener Berge. Bald passieren wir einige Viehweiden und erreichen die ersten Häuser von **Chorin** ❼. Wir biegen nach rechts in die Dorfstraße ein und erreichen den Bahnhof, indem wir hinter der Dorfkirche links abbiegen (Wegweiser).

↗ 110 m | ↘ 110 m | 7.6 km

5 Auf den Pimpinellenberg

2.00 h

Rundwanderung im Choriner Endmoränenbogen

Durch eine am Südrand des Biosphärenreservats Schorfheide-Chorin gelegene, abwechslungsreiche Endmoränenlandschaft mit zum Teil schroffen Erhebungen führt diese schattige Tour zu mehreren Aussichtspunkten. Zuerst muss ein ungewöhnlich steiler Anstieg auf den Pimpinellenberg bewältigt werden, später geht es durch schattigen Laubwald und Felder zurück.

Ausgangspunkt: Oderberg, 6 m; Bus 916 ab Eberswalde bis Haltestelle Oderberg, Stadtmitte; Navi: 16248 Oderberg, Berliner Straße.
Anforderungen: Teilweise steile Waldwege und -pfade; Feldwege.
Einkehr: Café Seeblick, www.cafeseeblick.de; Gasthöfe in Oderberg.
Karten: Angermünde, Eberswalde, Niederfinow, Bad Freienwalde (Oder), 1:50.000 (BAR); Von Niederfinow bis zur Oder, 1:30.000 (LGB).
Tipps: Nikolaikirche in Oderberg, von Friedrich August Stüler im neogotischen Stil erbaut und 1855 eingeweiht. Festung (Bärenkasten) auf dem Oderwerder, nach Zerstörung der Burg auf dem Albrechtsberg 1355 zur Sicherung des Oderübergangs, für Zolleinnahmen und zur Sicherung der Grenze der Mark Brandenburg errichtet. Im Dreißigjährigen Krieg wurde sie erfolglos von der schwedischen Armee belagert. Im 17. Jh. diente sie als Zwinger für Braunbären und zu Jagdzwecken. Nach Verlegung der Besatzung wurde die Festung 1753 bis auf die Außenmauern abgerissen, von denen heute noch imposante Reste zu sehen sind; Binnenschifffahrts-Museum, Tel. +49 33369 539321, www.bs-museum-oderberg.de: Darstellung der Binnenschifffahrt des gesamten Oderraumes sowie Wasserstraßenbau, Flößerei und Fischerei.

Wir beginnen diese Tour auf dem kleinen Marktplatz von **Oderberg** ❶. Zunächst laufen wir auf der Berliner Straße (L 29) stadtauswärts in Richtung Westen. Immer wieder können wir links auf die Alte Oder und später den Oderberger See hinabschauen. Kurz nach dem Café Seeblick kommt der markante Vorgipfel des unter Naturschutz stehenden Pimpinellenbergs (Aussichtspunkt) in Sicht. An dieser Stelle biegen wir rechts in einen mit grünem Punkt markierten Feldweg ein (Wegweiser), der in ein kleines Seitental und dann im Wald steil aufwärts zu einer Viehweide führt. Hier lohnt links ein kurzer Abstecher über unter Naturschutz stehende Wiesen zum Aus-

Vorgipfel des Pimpinellenbergs bei Oderberg.

sichtpunkt auf dem **Vorgipfel** ❷. Der Blick schweift über den Oderberger See und das Oderbruch. Seinen Namen hat der Berg von der hier vorkommenden Kleinen Bibernelle *(Pimpinella saxifraga)*, die in Ostdeutschland selten ist. Früher fand sie als Heilpflanze gegen Lungenkatarrh und Bronchitis Anwendung und soll hier der Sage nach im Dreißigjährigen Krieg die Pest vertrieben haben. Die Pflanze wird bis zu 60 cm hoch und blüht von Juni bis Oktober.

Zurück auf dem Wanderweg erreichen wir nach wenigen Schritten am Waldrand eine Infotafel eines Naturlehrpfads, dem wir jetzt eine Weile folgen werden. Dann geht es steil auf den 118 m hohen **Pimpinellenberg** ❸. Oben können wir an einem Rastplatz mit einer weiteren Infotafel noch einmal die Aussicht über den Oderberger See genießen und uns von dem steilen Anstieg erholen.

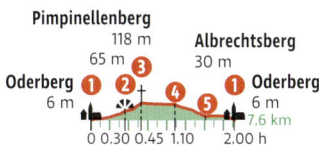

Raddampfer »Riesa« am Binnenschifffahrts-Museum.

Unser Wanderweg führt uns nun nach 250 m ohne Markierung an steilen Abhängen entlang zu einem Forstweg, der links aus dem Tal heraufkommt. Hier biegen wir an einer Sitzgruppe rechts ab und wandern immer auf dem Hauptweg weiter. Nach zehn Minuten halten wir uns an einer Gabelung mit Rastplatz und Infotafel links. Weitere 10 Min. später erreichen wir eine Forststraße, die links aus Liepe heranführt. Auf ihr gehen wir rechts weiter und queren bald darauf die Trasse einer Gaspipeline. Nach 100 m kommen wir zum Großen Teller, einer großen Kreuzung, an der wir geradeaus weitergehen. Wenige Minuten später gelangen wir zu einer **Pflasterstraße** ❹. Hier biegen wir an einem alten steinernen Wegweiser rechts ab. Nun folgen wir einer Grünstrich-Markierung aus dem Wald hinaus. Nach 1 km biegen wir an einem großen Wegweiser rechts ab und wandern mit einer Blaustrich-Markierung bis zu einer Häusergruppe. Bei den ersten Häusern halten wir uns rechts und kommen am ehemaligen Ausflugslokal Schützenhaus vorbei zu einem Feldweg, der mit gelbem Punkt markiert ist. Schließlich gelangen wir am links unter Bäumen gelegenen Kriegerdenkmal vorbei zum Aussichtspunkt auf dem **Albrechtsberg** ❺ mit schönem, aber durch Bewuchs leider stark eingeschränktem Blick über Oderberg und das Oderbruch bis nach Polen. Der askanische Markgraf Albrecht II. hatte hier um 1200 an der Stelle einer slawischen Befestigungsanlage eine Burg errichten lassen, die nach einem Brand wieder aufgebaut wurde und 1349 in der Schlacht von Oderberg von den Pommern und Mecklenburgern zerstört wurde. Ihre Wallanlagen und einige Reste des Gemäuers sind heute noch gut zu erkennen. Über einen Treppenweg erreichen wir den Marktplatz von **Oderberg** ❶.

↗ 60 m | ↘ 60 m | 13.3 km

3.20 h

Neuenhagener Insel — 6

Großer Inselwanderweg von Bad Freienwalde nach Hohenwutzen

Bis zur Mitte des 18. Jahrhunderts floss die Oder in einem weiten Bogen westlich um Neuenhagen und bahnte sich dann an Oderberg vorbei ihren Weg durch die Endmoräne der Saale-Eiszeit. 1753 wurde im Rahmen der Trockenlegung des Oderbruchs ein Kanal östlich von Neuenhagen angelegt: die heutige Oder. Die Alte Oder fließt weiterhin im alten Bett. So ist durch Menschenhand die Neuenhagener Insel entstanden, über die ein teilweise aussichtsreicher Wanderweg durch Wald und über Felder führt.

Ausgangspunkt: Bad Freienwalde, 3 m, Bahnhof; Navi: 16259 Bad Freienwalde, Am Bahnhof.
Endpunkt: Hohenwutzen, 4 m, Rückfahrt mit Bus 873 (Mo–Sa).
Anforderungen: Feld- und Waldwege, teilweise Pfade.
Einkehr: Gasthöfe in Bad Freienwalde, Altglietzen und Hohenwutzen.
Karten: Angermünde, Eberswalde, Niedefinow, Bad Freienwalde (Oder), 1:50.000 (BAR); von Niederfinow bis zur Oder, 1:30.000 (LGB).
Tipp: Fontanehaus Schiffmühle, Tel. +49 3344 150890, www.bad-freienwalde.de/fontanehaus-schiffmuehle.

Nach Verlassen des Bahnhofs **Bad Freienwalde** ❶ gehen wir an den Schranken über die Gleise und laufen auf der stadtauswärts führenden B 158 bis zum Wendtshofer Weg. Hier biegen wir links ab und wandern, bis zum Ziel einer Rotstrich-Markierung folgend, über Felder und an einem

Fontanehaus in Schiffmühle.

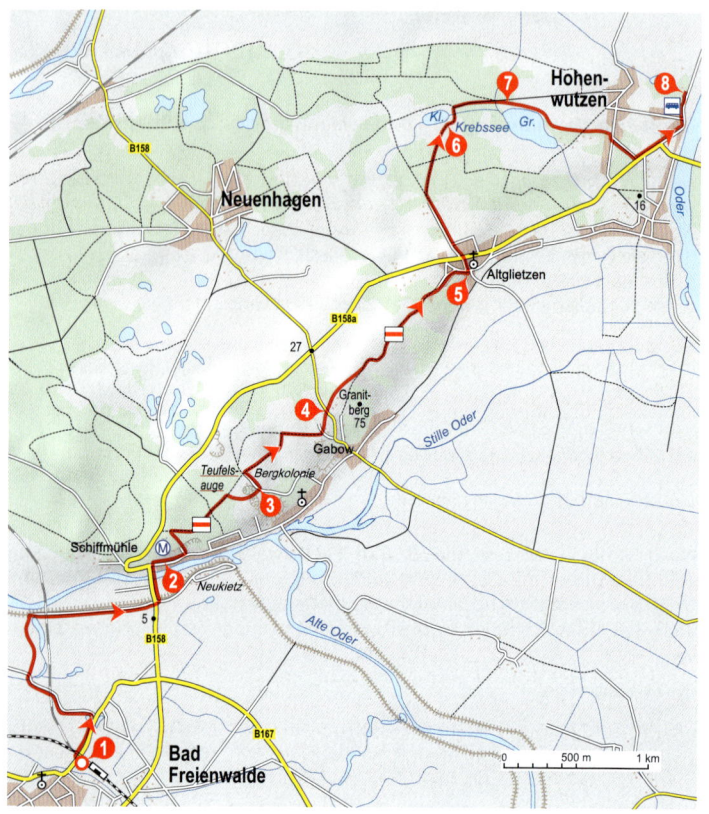

Altwasser entlang zum Hochwasserdeich, auf dem wir rechts nach Schiffmühle und zur B 158 zurückkommen. Nach Überqueren der Alten Oder gehen wir rechts an einem ehemaligen Chausseehaus und wenig später am Wohnhaus von Theodor Fontanes Vater vorbei, in dem er von 1855 bis 1867 seine letzten Lebensjahre verbrachte. Heute ist darin ein kleines **Museum** ❷ untergebracht.

Kurz danach biegt der mit rotem Strich markierte Wanderweg links von der Straße ab und leitet uns zum Waldfriedhof hinauf, an dessen Ende wir uns rechts halten. Nach zehn Minuten biegen wir noch einmal rechts ab und erreichen bald das Teufelsauge, eine ehemalige Tongrube. Von einem Rastplatz hat man eine schöne Aussicht ins Oderbruch. Nun treffen wir auf

Bei Gabow.

eine kleine Asphaltstraße, halten uns links und durchqueren die Siedlung **Bergkolonie** ❸. Nach dem letzten Haus biegen wir rechts ab und wandern auf Feldwegen nach **Gabow** ❹, das wir am nördlichen Ortsausgang erreichen. Hier queren wir eine Landstraße, die vom Oderbruch heraufkommt, und verlassen das Dorf auf einem Betonplattenweg. Einige Minuten später kommen wir am Schlangenpfuhl vorbei. Auf einem abwechslungsreichen Feldweg gelangen wir in 25 Min. nach **Altglietzen** ❺, wo wir an einer kleinen Parkanlage mit Musikpavillon die B 158a überqueren.

Nach den letzten Häusern biegen wir an einer Absperrstation der Erdgas-Pipeline OPAL rechts in den Wald ab und kommen nach zehn Minuten zum **Kleinen Krebssee** ❻ mit Badestelle. Wenig später gehen wir am **Großen Krebssee** ❼ vorbei, wiederum mit Badestelle, und erreichen die ersten Häuser von Hohenwutzen. Am Friedhof vorbei gehen wir zur B 158A und erreichen nach ca. 500 m links, vorbei an der denkmalgeschützten Getreidemühle, die Oder. Rechts sehen wir den Grenzübergang an der Oderbrücke. Die Bushaltestelle in **Hohenwutzen** ❽ erreichen wir, wenn wir auf dem Deich an der Straße nach Hohensaaten ca. 200 m in Richtung Norden gehen.

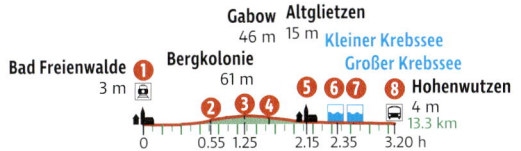

TOP 7

Turmwanderweg bei Bad Freienwalde

↗ 330 m | ↘ 330 m | 15.4 km
5.00 h
🚌 👣

Unterwegs auf dem Fontane-Wanderweg

Bei Bad Freienwalde fällt das Gelände der Barnimhochfläche steil zur Oder ab. Wie in den Mittelgebirgen gibt es steile Anstiege und tiefe Schluchten. Vier Aussichtstürme bieten einen schönen Rundblick über das Oderbruch: Bismarckturm, Eulenturm, Sprungschanzenturm und der Aussichtsturm auf dem Galgenberg. Sie sind durch den beliebten Turmwanderweg miteinander verbunden.

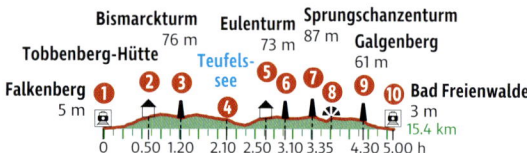

Ausgangspunkt: Falkenberg, 5 m, Bahnhof; Navi: 16259 Bad Freienwalde, Am Bahnhof.
Endpunkt: Bad Freienwalde, 3 m, Bhf.
Anforderungen: Teilweise steile Waldwege; hügeliges Gelände.
Einkehr: Gaststätten in Bad Freienwalde.
Karten: Angermünde, Eberswalde, Niederfinow, Bad Freienwalde (Oder), 1:50.000 (BAR); Bad Freienwalde (Oder) und Umgebung, 1:25.000 (LGB).
Tipp: »Turm-Diplom« für die erfolgreiche Begehung des Turmwanderwegs bei der Tourist-Information Bad Freienwalde, Tel. +49 3344 150890, www.bad-freienwalde.de/turm-diplom.

Vom Bahnhof in **Falkenberg** ❶ gehen wir zur Ortsmitte und biegen links auf die B 167 ab. Am Theodor-Fontane-Park mit Gedenkstein treffen wir auf den mit blauem Strich markierten Fontane-Wanderweg, der am Ortsrand links in den Wald führt und an Höhe gewinnt. Hier beginnt auch die Markierung des Turmwanderwegs (brauner Turm auf weißem Grund), der wir bis zum dritten Turm folgen. Steil geht es hinauf, bis der Kammweg erreicht ist. Nun folgt eine herrliche Strecke durch Laub- und Mischwald auf guten Waldwegen. Vorbei an der **Tobbenberg-Hütte** ❷ (Schutzhütte) führt der Weg, unterbrochen durch kurze Ab- und Aufstiege, auf gleich bleibender Höhe bis zu einer Wegkreuzung. Ein Schild weist uns links zum **Bismarckturm** ❸. Der Weg neigt sich leicht bergab, bis der auf einem Bergsporn gelegene Turm erreicht ist. 1895 wurde er auf den Resten der Burg Malchow (12. Jh.) erbaut und ist der älteste von 172 weltweit noch existierenden, zu Ehren Otto von Bismarcks errichteten Türmen. Von seiner Aussichtsplattform kann man bis zum Schiffshebewerk Niederfinow schauen.

Wir kehren zurück zur Wegkreuzung und folgen dann der Markierung des Turmwanderweges nach links. Kurz darauf umrunden wir den Watzmann,

Thüringer Blick bei Bad Freienwalde.

steigen hinunter in die Mariannenschlucht und gegenüber gleich wieder bergan. Bald erreichen wir den idyllischen **Teufelssee** ❹. Dann geht es auf einer schmalen Straße an der Jugendherberge vorbei bis zum E-Werk. Dort biegen wir rechts in den Wald ab und wieder bringt uns ein kurzer Anstieg auf die Höhe bis zu einer Wegspinne. Etwas abseits finden wir den sogenannten **Thüringer Blick** ❺ mit Schutzhütte.

Zurück an der Wegspinne gehen wir auf dem breiten Waldweg rechts und dann links bis zu den ersten Häusern von Bad Freienwalde. Am Haus der Naturpflege steht der **Eulenturm** ❻. Das Haus der Naturpflege selbst wurde 1960 von Kurt Kretschmann, dem »Vater des ostdeutschen Naturschutzes« und Schöpfer des inzwischen bundesweit geltenden Naturschutzschildes (Waldohreule) errichtet. Naturkundlich Interessierte können den sehenswerten ökologischen Schau- und Lehrgarten besichtigen. Auf der nahen B 158 müssen wir ein kurzes Stück nach rechts gehen.

Beim Kinder- und Jugendzentrum OFFI biegen wir links ein und erreichen das Jahn-Stadion mit dem **Skisprungschanzentrum** ❼ im Papengrund. Die Markierung führt uns um den Auslauf der Schanzen herum durch die Papenberge. Wir überqueren den Brunnentalweg und steigen kurz vor der Kurfürstenquelle am Rand der Kuranlagen auf dem Königin-Luise-Steig zum Aussichtspunkt **Kapelle** ❽ hinauf. Er erinnert an ein Gotteshaus, das bis 1816 an gleicher Stelle stand.

Nach 10 Min. überqueren wir eine kleine Asphaltstraße und biegen kurz dahinter links ab. Jetzt heißt es aufpassen, denn nach 5 Min. müssen wir schon wieder links abbiegen; hier fehlt die Markierung. Vorbei an der sogenannten Schweinebucht, in der bis 1968 Braunkohle gefördert wurde, erreichen wir wenig später den Aussichtsturm auf dem **Galgenberg** ❾, der 1879 als Kriegerdenkmal erbaut wurde. Von seiner Plattform hat man einen guten Blick über die Altstadt von Bad Freienwalde.

Ein Stufenweg bringt uns hinab zur Melcherstraße, dort biegen wir rechts in die Goethestraße und kurz darauf in die Gartenstraße. Über Königs-, Karl-Marx- und Bahnhofstraße gelangen wir zum Bahnhof in **Bad Freienwalde** ❿.

Links: Bismarckturm.

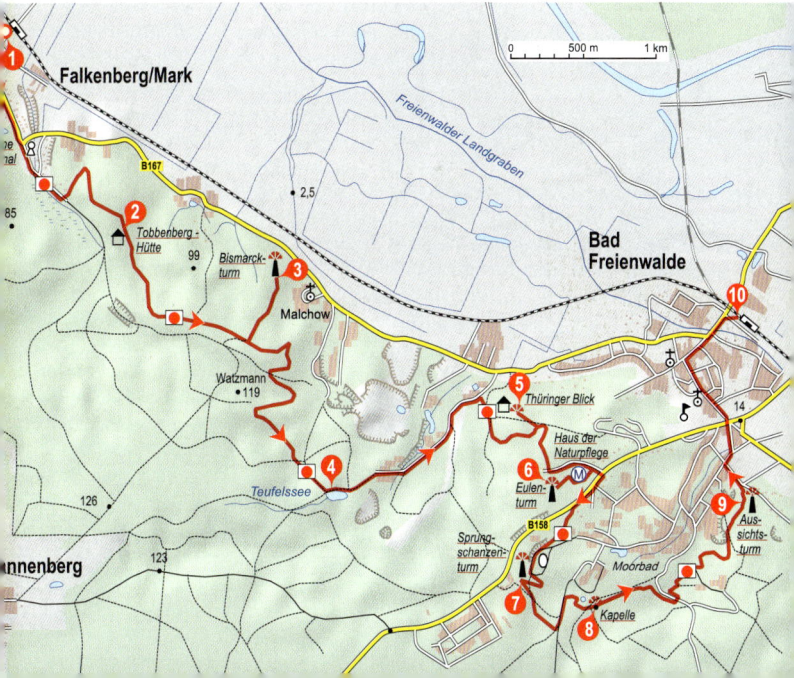

↗ 160 m | ↘ 160 m | 14.4 km
3.40 h

8 Von Bad Freienwalde zum Baasee

Rundwanderung durch den Freienwalder Forst

Durch eine eiszeitliche Endmoränenlandschaft mit großflächigem, natürlichem Mischwald führt diese durchgehend mit grünem Punkt markierte schattige Wanderung. Dabei sind sieben Hügel zu überschreiten, ehe man in der sehr idyllisch gelegenen Waldschänke am Baasee einkehren kann. Der Höhenunterschied zwischen der angrenzenden Barnimhochfläche und dem Oderbruch ist beträchtlich und für Brandenburg ungewöhnlich.

Ausgangspunkt: Bad Freienwalde, 3 m, Bahnhof; Navi: 16259 Bad Freienwalde, Am Bahnhof.
Anforderungen: Waldwege, hügeliges Gelände.
Einkehr: Gasthäuser in Bad Freienwalde, Waldschenke Baasee.
Karten: Angermünde, Eberswalde, Niederfinow, Bad Freienwalde (Oder), 1:50.000 (BAR); Bad Freienwalde (Oder) und Umgebung, 1:25.000 (LGB).
Tipp: Schloss Freienwalde mit Gedenkstätte für den ehemaligen Reichskanzler Walther Rathenau, Tel. +49 3344 3407, www.schloss-freienwalde.de.

Kurfürstenquelle im Kurpark von Bad Freienwalde.

Vom Bahnhof in **Bad Freienwalde** ❶ gehen wir zunächst ins Stadtzentrum. Am Marktplatz biegen wir links in die Hauptstraße und gehen bis zur Unterführung der Schnellstraße. Wir folgen der Gesundbrunnenstraße bis zum Fontaneplatz und dann links der Sonnenburger Straße und gehen am Wasserwerk vorbei. Nachdem wir drei über 250 Jahre alte Linden passiert haben, gehen wir auf der Straße ein kurzes Stück weiter in den Wald und biegen dann an einem Wegweiser rechts auf den Siebenhügel-

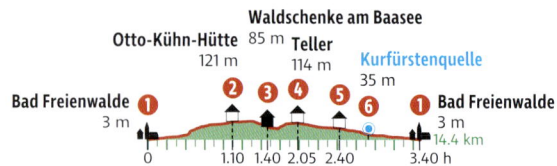

weg ab. Er führt in wenigen Minuten zunächst recht steil auf den ersten Hügel hinauf. Nach 600 m gehen wir am Waldfriedhof vorbei. Das Gelände wird nun immer bergiger. Hin und wieder bieten sich vom Weg Tiefblicke ins Tal; stellenweise glaubt man, in einem Mittelgebirge zu sein. Am Wegrand sieht man immer wieder Findlinge. Nach geraumer Zeit passieren wir die **Otto-Kühn-Hütte** ❷, eine Unterstandshütte. Bald danach erreichen wir die Torgelower Straße, eine alte Pflasterstraße, wo uns die Markierung Grüner Punkt auf der gegenüberliegenden Straßenseite auf einem Fußweg weiterführt, der bald wieder breiter wird. Unser Weg windet sich nun zum See hinunter. Wir treffen auf eine weitere kleine Pflasterstraße und erreichen nach wenigen Minuten die **Waldschenke am Baasee** ❸, eine Holzhütte. Hier können wir einkehren und uns in der kühleren Jahreszeit in der sehr gemütlichen Stube am offenen Feuer wärmen.

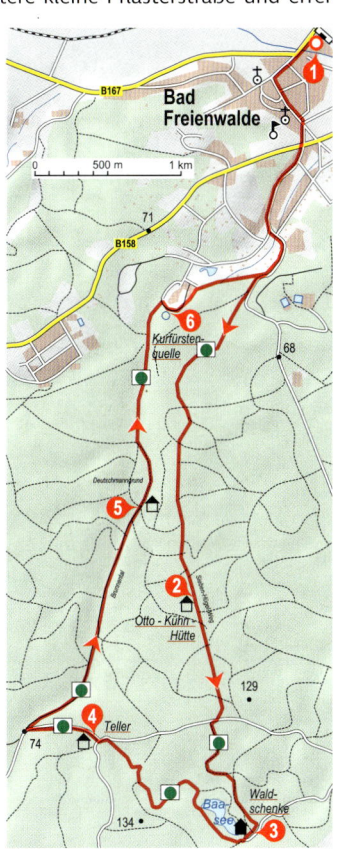

Wir setzen unsere Wanderung fort und folgen wieder der Grünpunkt-Markierung. Der Weg ist gleichzeitig Teil des Naturlehrpfades rund um den See. Nach wenigen Minuten kommen wir an einer Gruppe von nordamerikanischen Douglasien vorbei, die mit vierzig Metern die höchsten Bäume Brandenburgs sein sollen. Diese und weitere fremdländische Baumarten wurden 1880 versuchsweise angepflanzt, um Alternativen zu den Monokulturen von Kiefer und Eiche zu testen.

Dann sehen wir links das Baasee-Moor, ein Kesselmoor, das sieben Meter höher als der gleichnamige See liegt. An der benachbarten Gruppe von Riesenlebensbäumen steht ein Wegweiser, der uns den Rückweg nach Bad Freienwalde zeigt. Wir wandern auf einem schönen Waldweg bergan. Nachdem wir die Unterstandshütte am sogenannten **Teller** ❹ erreicht haben, fällt der Weg ins Brunnental ab, eine Erosionsrinne, die am Ende der letzten Eiszeit der Entwässerung des Gletschers diente und heute ein Trockental ist. Nach 600 m treffen wir auf einen Weg, der von Wollenberg kommt und nach Bad Freienwalde führt. Wir gehen mit der Grünpunkt-Markierung scharf rechts weiter und wandern in einer halben Stunde zu einer weiteren Unterstandshütte, der **Stadtwaldhütte** ❺. Hier nehmen wir den rechten Weg, der geradeaus in den Deutschmanngrund führt. Nach 20 Min. weist am Wegrand eine Infotafel auf das nicht mehr vorhandene Ausflugslokal »Grüne Tanne« hin. Wenige Minuten später haben wir am idyllisch zwischen bewaldeten Hügeln gelegenen Moorbad den Ortsrand von Bad Freienwalde erreicht und biegen sofort rechts ab in den Kurfürstensteig. Nach wenigen Schritten stehen wir an der **Kurfürstenquelle** ❻, die 1684 unter Kurfürst Friedrich Wilhelm I. von Brandenburg gefasst worden ist. Durch die von Carl Gotthard Langhans, dem Schöpfer des Brandenburger Tors in Berlin, und Karl Friedrich Schinkel errichteten Kuranlagen schlendern wir weiter und halten uns hinter den Klinikgebäuden links. Auf der Gesundbrunnenstraße gelangen wir wieder zur Hauptstraße und biegen am Marktplatz rechts zum Bahnhof von **Bad Freienwalde** ❶ ab.

Waldschenke am Baasee.

↗ 60 m | ↘ 60 m | 13.9 km

3.30 h

Um den Hellsee und nach Lobetal

TOP 9

Abwechslungsreiche Wanderung im Naturpark Barnim

Der im Naturpark Barnim gelegene Hellsee zwischen Wandlitz und Biesenthal ist Teil einer in der letzten Eiszeit entstandenen Seenrinne, die in die Niederung des Naturschutzgebietes »Biesenthaler Becken« mündet. Auf dieser sehr abwechslungsreichen Wanderung kann man die vielfältigen Landschaftsformen erkunden: stille Waldseen mit mehreren Badegelegenheiten, sumpfige Niederungen und eine wildromantische, tiefe Schlucht.

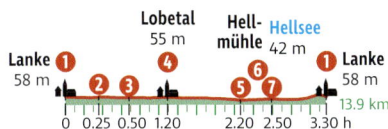

Ausgangspunkt: Lanke, 58 m; Bus 890 ab Bhf. Bernau bis Hst. Lanke, Dorf; Nav. 13458 Lanke, Lanker Dorfstraße.
Anforderungen: Feld- und Waldwege.

Einkehr: Gasthöfe in Lanke und Lobetal.
Karten: Schorfheide, Eberswalde, Biesenthal, Werbellinsee, 1:50.000 (BAR); Naturpark Barnim, 1:50.000 (LGB).

An der Brücke über das Hellmüller Fließ in **Lanke** ❶ beginnt diese Wanderung; am benachbarten Wanderparkplatz hält der Linienbus. Nachdem wir das Fließ überquert haben und die Dorfstraße ein Stück bergauf gegangen sind, zweigt links an mehreren Wegweisern ein mit grünem Punkt markierter Wanderweg ab und führt in den heute verwilderten ehemaligen Schlosspark von Schloss Lanke, der Mitte des 19. Jahrhunderts nach Plänen von P. J. Lenné angelegt wurde. Durch den Park gelangen wir zum Ufer des ganz von Wald umgebenen Hellsees hinunter. Ein schattiger Uferweg führt entlang des Westufers. Nach 1 km biegt er **rechts ab** ❷ und führt zu einem großen Feld hinauf, um das wir herumgehen müssen, um dann kurzzeitig wieder in den Wald zu kommen. Dahinter erreichen wir nach 5 Min. einen Wegweiser, an dem wir weiterhin mit der Grünpunkt-Markierung links abbiegen. Wir befinden uns jetzt in der unter Naturschutz stehenden Niederung des Biesenthaler Beckens. Nach zehn Minuten gehen wir an einer Gabelung mit der **Rotstrich-Markierung** ❸ rechts, die uns auf einem abwechslungsreichen Waldweg ans Nordufer des Mechesees leitet. Hier halten wir uns rechts und kommen in wenigen Minuten nach **Lobetal** ❹, das durch die Hoffnungstaler Stiftung Lobetal geprägt ist, die 1905 auf Anregung Friedrich von Bodelschwinghs gegründet wurde und heute eine Einrichtung für behinderte, suchtkranke und alte Menschen ist.
Nachdem wir uns im Ort umgesehen haben, wandern wir am Ostufer des Mechesees in Richtung Norden. Auf der Lichtung am Nordufer des Sees

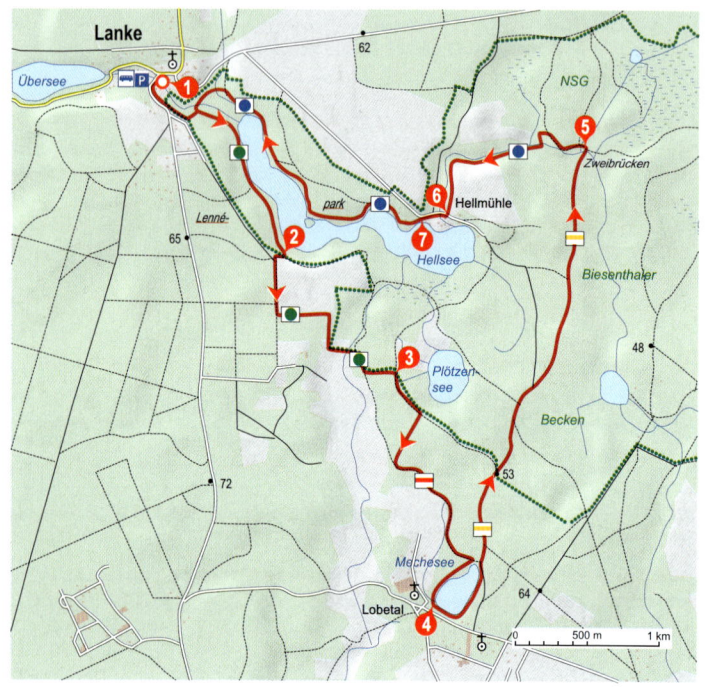

treffen wir auf eine Kiefer, die breiter ist als hoch. Nun ist für ein längeres Stück eine Gelbstrich-Markierung maßgeblich. An der nächsten Abzweigung gehen wir geradeaus weiter und kommen in ein hügeliges Gelände. Nach einer halben Stunde nehmen wir an einer Gabelung den rechten Weg; links geht es auf kurzem Weg nach Hellmühle. Kurz darauf senkt sich unser Weg ins Tal des Rüdnitzer Fließes hinab; rechts sehen wir ausgedehnte Schilfwiesen. Wenig später wandern wir durch einen feuchten Auwald. In ihm vereinigen sich mehrere Fließe zum Flüsschen Finow. An einer Brücke und dem **Wegweiser** »**Zweibrücken**« ❺ queren wir das Hellmühler Fließ, biegen links ab und folgen einem mit blauem Punkt markierten, schmalen Pfad am Ufer des Baches entlang. Einmal wechseln wir aufs andere Ufer, dort erwartet uns ein urwaldähnlicher Abschnitt. Das Fließ hat sich hier im Lauf der Zeit eine tiefe, wildromantische Schlucht geschaffen.
An der ehemaligen **Hellmühle** ❻ haben wir den Auslauf des Fließes aus dem Hellsee erreicht. Ein kurzes Stück müssen wir nun rechts auf einer kleinen Asphaltstraße gehen. Doch gleich darauf weist uns die Blaupunkt-

Markierung auf einen schmalen Pfad, der ans Ostufer des **Hellsees** ❼ hinabführt. Von dem schönen, schattigen Weg können wir immer wieder ans gegenüberliegende Ufer blicken.

Nach 10 Min. passieren wir eine in Ufernähe liegende, künstliche Insel, auf der sich ein Grabmal für die Familie eines früheren Besitzers von Schloss Lanke befindet. Durch ein Sumpfgebiet und den verwilderten Schlosspark am Nordende des Sees, wo wir einen Blick auf das im 19. Jahrhundert errichtete Schloss Lanke werfen können, kommen wir zu unserem Ausgangspunkt in **Lanke** ❶ zurück.

Am Hellsee.

↗ 40 m | ↘ 40 m | 12.8 km

10 Rund um den Liepnitzsee

3.20 h

Wanderung zu einem der saubersten Seen Brandenburgs

Der Liepnitzsee bei Wandlitz ist einer der beliebtesten Badeseen im Berliner Umland. Sein klares Wasser mit einem reichen Fischvorkommen – u. a. wird die bei Feinschmeckern beliebte Kleine Maräne gefangen – und das Motorbootverbot locken im Sommer viele Gäste zu den rund um den See liegenden Badestellen. In der Mitte des Sees befindet sich die Insel Großer Werder, auf der sich ein Campingplatz befindet, und die im Sommer von einer kleinen Personenfähre angelaufen wird.

Ausgangspunkt: Wandlitz, 57 m, Bhf. Wandlitzsee; Navi: 16348 Wandlitz, Bahnhofsplatz 1.
Anforderungen: Waldwege.
Einkehr: In Wandlitz und Ützdorf.
Karten: Schorfheide, Eberswalde, Biesenthal, Werbellinsee, 1:50.000 (BAR); Naturpark Barnim, 1:50.000 (LGB).

Am Bahnhof Wandlitzsee in **Wandlitz** ❶ überqueren wir an einem Fußgängerübergang die Gleise. Hier finden wir auch die Markierung Blauer Punkt, der wir nun folgen wollen. Sie führt uns nach links in die Ruhlsdorfer Straße. Nach 5 Min. halten wir uns an der Straße An der Borgheide rechts. Wir gehen jetzt durch die Villenkolonie an den Drei Heiligen Pfühlen. Manchmal kann man auch rechts zwischen den Häusern zu den kleinen Seen hindurchblicken. Nach weiteren 5 Min. zweigen wir noch einmal rechts ab und kommen wenig später in den Wald. Mit der Markierung Blauer Punkt wandern wir nun weiter und biegen an der nächsten **Kreuzung** ❷ rechts ab. Nach wenigen Schritten mündet unser Weg in eine kleine Straße ein. Wenn die Blaupunkt-Markierung nach links in den Wald abbiegt, bleiben wir auf dem Sträßchen und gehen geradeaus weiter, bis wir links zwischen den Bäumen den Liepnitzsee sehen. Hier biegen wir links ab und folgen einer Gelbpunkt-Markierung zum **Waldbad Liepnitzsee** ❸ mit einem schilfgedeckten Gebäude, das vor 1989 den Bewohnern der nahe gelegenen Waldsiedlung, Mitgliedern und Kandidaten des Politbüros des Zentralkomitees der SED, insbesondere aber deren Kindern zur Erholung diente. Entlang der Umzäunung des Freibads gelangen wir zum nördlichen Seeufer. Auf seinem schattigen Uferweg geht es nach 300 m links auf die angrenzende

Fähre zur Insel Großer Werder.

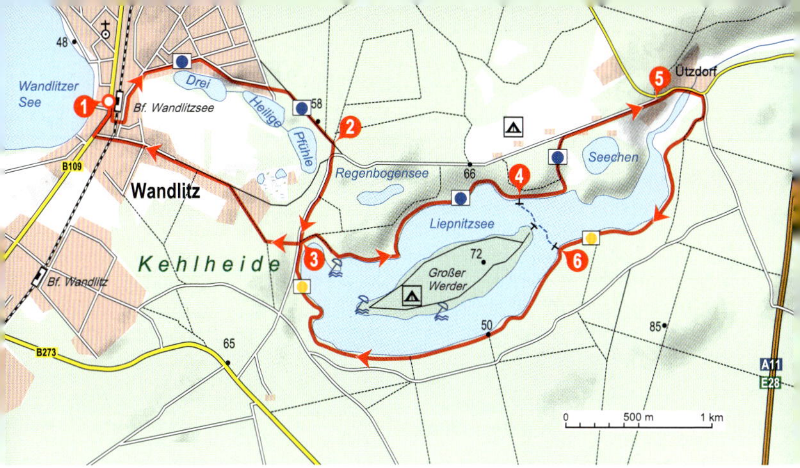

Moräne hinauf. Für einige Zeit bleibt der Weg jetzt oben und wir kommen an einigen Aussichtspunkten vorbei. Nach zehn Minuten führt unser Weg wieder zum Seeufer hinab, wo wir kurz darauf den **Nordanleger der Personenfähre** ❹ zum Großen Werder passieren. Wenig später führt der mit gelbem Punkt markierte Weg nach links. Am Waldrand beim Campingplatz am Liepnitzsee halten wir uns rechts und laufen auf einer Straße ins nahe gelegene **Ützdorf** ❺.

Auf einer Landstraße durchqueren wir den kleinen Ort und biegen bei einem Wegweiser rechts auf einen Radweg ab. Wenige Minuten später zweigt unsere Gelbpunkt-Markierung noch einmal rechts ab. Auf einem Fußweg gelangen wir wieder ans Südufer des Liepnitzsees. Ein bequemer und schattiger Fußweg führt uns zum **Südanleger der Personenfähre** ❻ und an einigen schönen Badestellen vorbei nach 1 Std. wieder an den Ausgangspunkt unserer Seeumrundung in der Nähe des Waldbades zurück.

Hier halten wir uns jetzt links, überqueren die kleine Straße, auf der wir anfangs aus Wandlitz gekommen sind, und folgen einem Radwegweiser in Richtung Bahnhof Wandlitz. Nach wenigen Minuten erreichen wir eine Siedlung am Waldrand und gehen geradeaus weiter. Nach 5 Min. treffen wir auf den Lanker Weg, in den wir links einbiegen. Auf ihm kommen wir nach einer Viertelstunde zu den Bahngleisen und biegen dahinter rechts ab. Kurz darauf erreichen wir unseren Ausgangspunkt in **Wandlitz** ❶.

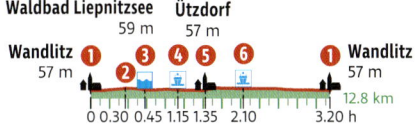

↗ 100 m | ↘ 100 m | 10.6 km

11 Von Buckow über den Krugberg zu den Tornowseen

2.40 h

Rundwanderung in der Märkischen Schweiz

Das Hügelland der Märkischen Schweiz, des ältesten und kleinsten Naturparks in Brandenburg, zeichnet sich durch tief eingeschnittene Schluchten (die hier Kehlen genannt werden), kleine Seen, Wiesen, Moore und klare Bäche aus. Der Wanderer lernt auf dieser Tour die Vielfalt dieses Landschaftsraumes kennen. Im ersten Teil der Tour wird von Buckow aus der höchste Berg des Naturparks, der Krugberg, bestiegen. Dann wandert man an zwei Waldseen vorbei und durch das ursprüngliche Stobbertal.

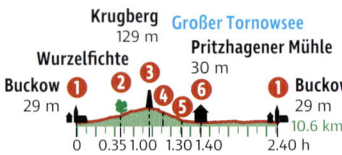

Ausgangspunkt: Buckow, 29 m; Bus 928 ab Bhf. Müncheberg bis Hst. Buckow, Markt; im Sommer an Wochenenden auch mit der Buckower Kleinbahn über Müncheberg; Navi: 15377 Buckow, Schulstraße 4.

Anforderungen: Anfangs steile Waldwege.
Einkehr: Gasthöfe in Buckow, Pritzhagener Mühle.
Karten: Naturpark Märkische Schweiz, Buckow, Waldsieversdorf, 1:50.000 (BAR); Märkische Schweiz, 1:25.000 (LGB).
Tipp: Besucherzentrum des Naturparks Märkische Schweiz (Schweizerhaus): Lindenstr. 33, 15377 Buckow, Tel. +49 3433 15848, www.maerkische-schweiz-naturpark.de; Brecht-Weigel-Haus, Brecht-Weigel-Str. 30, 15377 Buckow, Tel. +49 33433 467, www.brechtweigelhaus.de.

Wir beginnen unsere Wanderung am kleinen Marktplatz von **Buckow** ❶ und gehen ein kurzes Stück auf der Wriezener Straße bis zur Touristinformation. Hier betreten wir den Schlosspark und biegen gleich hinter der Stobberbrücke links ab. Auf dem Hügel rechter Hand stand bis 1948 das kleine Schloss. Nach wenigen Minuten halten wir uns links. An der Wriezener Straße gehen wir rechts weiter und wandern mit schönem Blick über den Schermützelsee an der Schiffsanlegestelle und dem Strandbad vorbei. Hinter der Brücke über das Sophienfließ beginnt rechts ein mit gelbem Punkt markierter Wanderweg, der entlang des stark eisenhaltigen Bachs in einem schluchtartigen Waldtal und durch einen dichten Laubwald führt.

Gasthof Pritzhagener Mühle.

Mehrmals wechseln wir dabei die Bachseite und erreichen schließlich das Naturdenkmal **Wurzelfichte** ❷. Den Namen erhielt dieser 200 Jahre alte Baum wegen seiner größtenteils freiliegenden Wurzeln, die mit der Zeit durch die anschwellenden Wasser des Sophienfließes freigespült worden sind. Am 18. Januar 2007 wurde er vom Orkan »Kyrill« oberhalb der imposanten Wurzeln abgebrochen. Der mit gelbem Punkt markierte Weg führt über eine kleine Treppe ans andere Ufer und verläuft ein kurzes Stück in der Gegenrichtung. An der nächsten Abzweigung biegen wir links ab und steigen durch die steile Drachenkehle eine knappe Stunde aufwärts. Oben angekommen halten wir uns rechts und erreichen wenig später den Waldrand. Nun müssen wir nur noch wenige Schritte nach links zum Feuerwachturm auf dem **Krugberg** ❸ hinauwandern, der mit 129 m höchsten Erhebung des Naturparks. Von hier hat man einen schönen Blick zum Oderbruch in der Ferne.

Entlang des Waldrandes gehen wir nun zurück und gelangen mit der Gelbpunkt-Markierung weiter unten auf einen breiten Querweg. Gegenüber geht es zu einer Pferdekoppel und zum **Finkenherd** ❹, wo im Mittelalter Vögel gefangen wurden. Hier biegen wir links ab und folgen dem Wegweiser zum Dachsberg. Nach wenigen Minuten steigen wir an einem anderen Wegweiser rechts durch die wildromantische Wolfsschlucht ab. Unten halten wir uns links, gehen am Kleinen Tornowsee entlang, der durch das Geäst blinkt, und kommen nach 500 m zu einer Gabelung, wo wir uns rechts halten. Wenige Minuten später geht es bei einem Wegweiser links zum **Großen Tornowsee** ❺ hinunter, der 17 m tiefer als der Kleine Tornowsee liegt. Unser Weg führt nun am Südufer des idyllischen Waldsees weiter mit schönen Blicken hinüber zum Haus Tornow und ans Ende des Sees.

An einem Wegweiser wandern wir links zum idyllisch gelegenen Gasthof **Pritzhagener Mühle** ❻. Zurück nach Buckow gelangen wir, wenn wir rechts durch den dichten Auwald des unter Naturschutz stehenden Stobbertals wandern. Häufig verläuft der Pfad am Ufer des klaren Baches. Neben seltenen Fischarten leben hier die vom Aussterben bedrohte Europäische Sumpfschildkröte, der Biber und der Fischotter. An der Güntherquelle erreichen wir den Ortsrand von Buckow mit dem Besucherzentrum des Naturparks. Über Lindenstraße und Königstraße kommen wir zum Marktplatz in **Buckow** ❶ zurück.

↗ 30 m | ↘ 30 m | 8.0 km

12 Panoramaweg über dem Schermützelsee

2.20 h

Ein Höhenweg in der Märkischen Schweiz

Der Naturpark Märkische Schweiz wird wegen seiner Seen, Hügel, Schluchten und Moore gern von Ausflüglern aus Berlin besucht. Kurze, aber steile Pfade verleihen der Landschaft einen Mittelgebirgscharakter. Diese Wanderung beginnt im Kurort Buckow und führt teilweise als Höhenweg um den Schermützelsee. Mehrere Aussichtspunkte bieten einen schönen Blick über den See und die Umgebung.

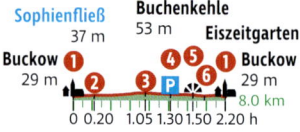

Anforderungen: Teilsteile Waldwege.
Einkehr: Gasthöfe in Buckow und am Schermützelsee.
Karten: Naturpark Märkische Schweiz, Buckow, Waldsieversdorf, 1:50.000 (BAR); Märkische Schweiz, 1:25.000 (LGB).
Tipp: Brecht-Weigel-Haus, Brecht-Weigel-Str. 30, 15377 Buckow, Tel. +49 33433 467, www.brechtweigelhaus.de: Im früheren Sommersitz von Bertolt Brecht und Helene Weigel ist heute eine Gedenkstätte für das Künstlerehepaar untergebracht.

Ausgangspunkt: Buckow, 29 m; Bus 928 ab Bhf. Müncheberg bis Hst. Buckow, Markt; im Sommer an Wochenenden mit der Buckower Kleinbahn über Müncheberg; Navi: 15377 Buckow, Schulstr. 4.

Vom kleinen Marktplatz des Kneippkurortes **Buckow** ❶ gehen wir auf der Wriezener Straße bis zur Touristinformation und in den Schlosspark. Gleich hinter der Brücke über den Stobber halten wir uns links. Auf dem nahe

gelegenen Hügel stand bis 1948 das Schloss. Nach wenigen Minuten verlassen wir den Park und kommen wieder zur Wriezener Straße. Nun gehen wir rechts an der Schiffsanlegestelle und dem Strandbad vorbei und haben einen schönen Ausblick über den Schermützelsee. Am Ortsausgang überqueren wir das **Sophienfließ** ❷, das hier in den See mündet.

Unmittelbar dahinter beginnt ein mit grünem Punkt markierter Wanderweg. Zunächst gehen wir auf einem Fahrweg an den letzten Häusern Buckows vorbei. Dann steigt der Weg steil an und senkt sich we-

Schermützelsee in Buckow.

nig später wieder zur Schwarzen Kehle hinab, einer schmalen Schlucht, in der im 19. Jahrhundert Braunkohle abgebaut wurde. Wir werden im weiteren Verlauf der Wanderung noch mehrere dieser Schluchten, die hier Kehlen genannt werden, kennenlernen. Sie sind alle am Ende der letzten Eiszeit vom Schmelzwasser ausgewaschen worden. Wenig später bietet sich an einer Häusergruppe eine Aussicht über den See. In stetigem Auf und Ab wandern wir erst unterhalb des Kinderheims Weiße Taube, dann durch den Langen Grund und die Grenzkehle zur **Buchenkehle** ❸. Wenige Schritte dahinter biegen wir rechts ab. Über eine mit rotem Punkt markierte Treppe gewinnen wir an Höhe. Oben wandern wir dann an mehreren Rastplätzen vorbei, von denen wir schöne Blicke über den See und nach Buckow haben. Am südlichen Ende des Sees trifft der Panoramaweg auf eine alte Kopfsteinpflasterstraße, auf der wir links bis zu den ersten Häusern von Buckow gehen. An einem **Parkplatz** ❹ kommt von links der Uferrundwanderweg mit dem grünen Punkt heran, dem wir ab jetzt wieder folgen. Auf einem Promenadenweg wandern wir zunächst am Ufer des Weißen Sees entlang und erreichen bald darauf an einem **Aussichtspunkt** ❺ mit mehreren Bänken wieder den Schermützelsee. Nun gehen wir zu einem Parkplatz am Brecht-Weigel-Haus hinab. Hier biegen wir rechts in die Buckowseepromenade ein, die zum gleichnamigen See führt. Kurz darauf erreichen wir den **Eiszeitgarten** ❻. Infotafeln und Findlinge veranschaulichen die Geologie des Eiszeitalters sowie die dadurch entstandenen Landschaften Ostdeutschlands.
Nachdem wir uns umgesehen haben, gehen wir einige Schritte zurück und biegen rechts in die Grünanlage Lunapark und zum nahen Buckowsee ab. An seinem Ufer halten wir uns links und wandern auf einem Holzbohlensteg, dem »Gummiweg«, durch einen Schwarzerlenbruch am Seeufer entlang. Rechts haben wir einen schönen Blick auf Buckow und seine Kirche. Auf einem Steg überqueren wir das Sophienfließ und gelangen schließlich zur Ringstraße, an der wir rechts zum Marktplatz in **Buckow** ❶ abbiegen.

TOP 13
Über den Poetensteig zum Großen Klobichsee

↗ 100 m | ↘ 100 m | 13.1 km
3.30 h

Eine Gebirgswanderung in der Märkischen Schweiz

Während der letzten Eiszeit schoben mächtige Gletscher die Endmoränen auf, die heute die Landschaft des Naturparks Märkische Schweiz mit ihren Seen, Mooren, steilen Waldhängen und engen Schluchten bilden. Über einen für hiesige Verhältnisse steilen Anstieg erreicht man den Poetensteig, einen Höhenweg mit mehreren Aussichtspunkten. Durch eine steile, wildromantische Schlucht kommt der Wanderer anschließend zum unter Naturschutz stehenden Großen Klobichsee.

Ausgangspunkt: Buckow, 29 m; Bus 928 ab Bhf. Müncheberg bis Hst. Buckow, Markt; im Sommer an Wochenenden mit der Buckower Kleinbahn über Müncheberg; Navi: 15377 Buckow, Schulstr. 4.
Anforderungen: Waldwege; z.T. steil.
Einkehr: Gaststätten in Buckow, Pritzhagener Mühle.
Karten: Naturpark Märkische Schweiz, Buckow, Waldsieversdorf, 1:50.000 (BAR); Märkische Schweiz, 1:25.000 (LGB).
Tipp: Brecht-Weigel-Haus, Brecht-Weigel-Str. 30, 15377 Buckow, Tel. +49 33433 467, www.brechtweigelhaus.de: Im früheren Sommersitz von Bertolt Brecht und Helene Weigel ist heute eine Gedenkstätte für das Künstlerehepaar untergebracht.

Am kleinen Marktplatz des Kneippkurorts **Buckow** ❶ beginnt unsere Wanderung. Zunächst gehen wir zur Touristinformation am Marktplatz und weiter in den Schlosspark. Gleich zu Anfang halten wir uns hinter der Stobberbrücke links. Nahebei liegt der Hügel, auf dem bis 1948 ein kleines Schloss stand. Nach wenigen Minuten verlassen wir den Park nach links und kommen wieder an die Wriezener Straße, wo wir uns rechts halten. Vorbei an der Schiffsanlegestelle und dem Strandbad, wo wir einen schönen Ausblick über den **Schermützelsee** haben, gelangen wir zum **Weinbergsweg** ❷. Hier biegen wir rechts ab. An der Schule beginnt ein Wanderweg, der links am Schulgelände entlang und weiter geradeaus in den Wald führt. An einem Wegweiser biegen wir rechts ab und wandern auf einem schönen, mit grünem Strich markierten Pfad, dem Poetensteig, bergauf. Links unten liegt der Moritzgrund. Nach etwa 250 m biegen wir links ab. Der Weg steigt steil zur Jenashöhe an und führt dann als Höhenweg weiter. Am Finkenherd können wir links auf die angrenzenden Felder blicken. Der Weg

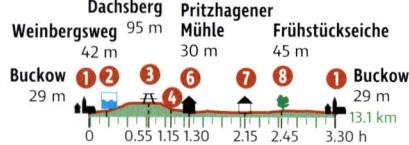

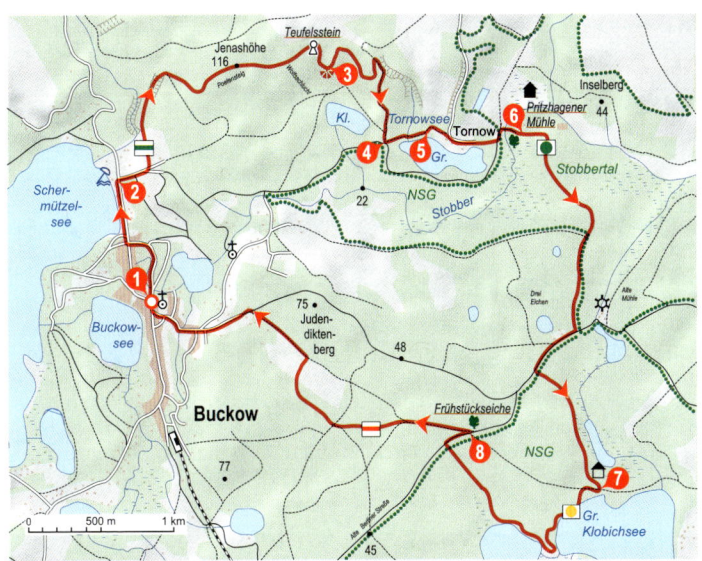

senkt sich nun wieder ab und führt zum oberen Ende der Wolfsschlucht. Hier verlassen wir an einem Wegweiser den Poetensteig und steigen links noch etwas höher zum Teufelsstein, einem in der Mitte zerbrochenen Findling. Dahinter führt ein Pfad wieder zum Poetensteig zurück. Nach wenigen Minuten haben wir den Aussichtspunkt auf dem **Dachsberg** ❸ erreicht. Ein Wetterschutzdach und Bänke laden zur Rast ein. Der Blick schweift über Buckow und den tief unten gelegenen Kleinen Tornowsee.

Dann windet sich der mit grünem Strich markierte Weg nach unten. Wir kommen an einem weiteren Aussichtspunkt, dem Silberberg, vorbei. Von dort erkennt man in der Ferne die Häuser von Buckow. Etwas unterhalb des Wegs befindet sich der Große Stein, ein mächtiger Findling. An der nächsten Kreuzung halten wir uns rechts und steigen zu einem Wegweiser auf dem **Sattel** ❹ zwischen dem Großen und Kleinen Tornowsee ab. Hier biegen wir links zum Großen Tornowsee ab. Vorbei am **Haus Tornow** ❺ und an einer Badestelle überqueren wir nach wenigen Minuten an einer Häusergruppe den Stobber. An dieser Stelle stand einst die Pritzhagener Mühle. Jetzt ist die Markierung ein grüner Punkt. Bereits nach wenigen Schritten kann man am Naturdenkmal Grenzeiche links in der Gaststätte **Pritzhagener Mühle** ❻ einkehren.

Durch lichten Mischwald wandern wir südwärts bis zur Alten Berliner Straße, einem gepflasterten Radwanderweg, auf dem wir rechts weitergehen.

Unmittelbar danach kommen wir an der ökologischen Jugendbildungsstätte Drei Eichen, einem ehemaligen Forsthaus, vorbei. An Wochenenden lädt das Waldcafé zur Rast ein.

Nach 300 m verlassen wir an einem Wegweiser den Radwanderweg und gehen links auf einem Waldweg zum Naturschutzgebiet Klobichsee. Dieses wasserreiche Gebiet ist Lebensraum für viele bedrohte Arten wie Fischotter, Kranich und Europäische Sumpfschildkröte. Von einer **Schutzhütte** ❼ aus haben wir einen schönen Blick auf den unten liegenden Großen Klobichsee. Hier biegen wir rechts ab und folgen ein Stück dem mit gelbem Punkt markierten Rundwanderweg um den See. Wo die Markierung links abzweigt, gehen wir geradeaus weiter und erreichen nach 300 m wieder die Alte Berliner Straße. Auf ihr gehen wir rechts zur 200 m entfernten **Frühstückseiche** ❽. Am 3. September 1730 soll hier im Schatten des heute 340 Jahre alten Baums Preußens Kronprinz Friedrich (später »der Große«) auf dem Weg in die Festungshaft in Küstrin gefrühstückt haben.

Wenige Schritte vor dem Naturdenkmal biegen wir links in einen Waldweg ein, der mit rotem Strich markiert ist und uns immer geradeaus, zum Schluss über ein Feld, nach **Buckow** ❶ zurückbringt. Wir kommen am Friedhof vorbei und erreichen über die Königsstraße den Marktplatz.

Aussicht vom Dachsberg.

↗ 100 m | ↘ 100 m | 11.9 km
3.00 h
🚌 ✕ 🚶

Reitweiner Sporn | 14

Auf dem letzten Schlachtfeld des Zweiten Weltkriegs

Nördlich von Frankfurt/Oder erhebt sich der Reitweiner Sporn als ein markanter Geländevorsprung über die Oderniederung. Im Februar 1945 errichtete die Rote Armee hier einen Brückenkopf, von dem aus Marschall Shukov während der Schlacht um die Seelower Höhen den Durchbruch durch die deutschen Verteidigungslinien leitete. Auf dieser Wanderung findet man viele Spuren dieser Kämpfe, wie z. B. den restaurierten Shukov-Befehlsstand. Im Frühjahr erfreuen den Wanderer die mit den seltenen, gelb blühenden Adonisröschen überzogenen Oderhänge.

Ausgangspunkt: Podelzig, 50 m; Bus 969 ab Bhf. Frankfurt bis Haltestelle Podelzig, Dorf; Navi: 15326 Podelzig, Hauptstr. 38.
Anforderungen: Wald- und Feldwege.
Einkehr: In Podelzig und Reitwein.
Karten: Topografische Karte 3553 Lebus; 3453 Küstrin-Kietz, 1:25.000 (LGB).

Frühlings-Adonisröschen (Adonis vernalis), eine botanische Rarität.

Unsere Wanderung beginnt an der Ruine der Kirche von **Podelzig** ❶; von ihrem Turm hat man eine schöne Aussicht über den Reitweiner Sporn. Wir gehen auf der Hauptstraße nördlich bis zum Kriegerdenkmal und zweigen dort rechts in die Straße Am Dorfteich ein. An deren Ende wenden wir uns nach links und biegen gleich darauf rechts in die Wuhdener Straße ein. Nach den letzten Häusern haben wir altes Kopfsteinpflaster unter den Füßen. Es handelt sich um ein gut erhaltenes Stück einer alten preußischen Chaussee: Neben der Fahrbahn aus Kopfsteinpflaster verläuft der sogenannte Sommerweg, der im Sommer für die Pferde angenehmer zu begehen war.

Nach 1,5 km haben wir die Häuser von **Wuhden** ❷ erreicht. An einem Wegweiser biegen wir links ab und folgen einer Blaustrich-Markierung, die uns auf einer alten Handelsstraße, die seit dem Mittelalter auf der Hochfläche von Stettin nach Frankfurt führt, über Felder zu einer Eichenallee leitet. Auf schattigem Weg erreichen wir nach einer halben Stunde den Wald. Schon nach wenigen Minuten können wir rechts einen Abstecher zu den gut erhaltenen Überresten einer slawischen Wallanlage aus dem 7. Jahrhundert auf den Wallbergen unternehmen. Am Ende des Stichweges können wir durch die Bäume ins Odertal hinausblicken. Wieder zurück auf dem alten

Handelsweg kommen wir wenige Minuten später an der 400 Jahre alten **Dicken Eiche** ❸ vorbei. Den nächsten kurzen Abstecher können wir nach 200 m zur Schönen Aussicht machen, von der wir einen umfassenden Ausblick über das tief unten liegende Odertal und hinüber nach Polen haben. Zurück auf dem mit blauem Strich markierten Waldweg kommen wir nach wenigen Minuten nach **Reitwein** ❹. Links am Waldrand befindet sich die Ruine der 1945 zerstörten Kirche, die 1855–58 nach Plänen von F. A. Stüler errichtet wurde.

Unterhalb der Kirche folgen wir einem Wegweiser, der zum Shukov-Befehlsstand zeigt. Der Weg führt bald aufwärts durch den Tränkegrund, ein Trockental. Im lichten Wald sind zahlreiche Schützengräben und Unterstände zu erkennen. Bald zweigt rechts ein Steig ab, der zunächst zum wiederhergestellten Eingang eines **Bunkers** und dann zum Befehlsstand

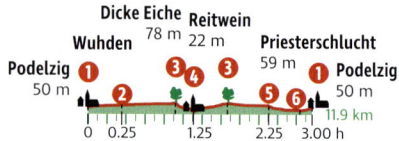

hinaufführt, von dem aus Marschall Shukov den Sturm auf die Seelower Höhen leitete. Wieder zurück im Tränkegrund steigen wir weiter bergan. Oben verzweigt sich der Weg und wir biegen links ab. Nach wenigen Metern geht es auf einem zweiten Weg rechts weiter. Wir überqueren eine Kreuzung und treffen bei der etwa 400 Jahre alten **Dicken Eiche** ❸ wieder auf die alte Handelsstraße, in die wir rechts einbiegen. Am Waldrand nehmen wir den rechten Weg und wandern unter alten Alleebäumen Richtung Podelzig zurück, biegen aber nach 2 km an einem Wegweiser rechts in einen Feldweg ein.

Durch die **Priesterschlucht** ❺ führt unser Weg zuerst durch Strauchwerk, dann über Wiesen ins Tal hinab. Von Ende März bis Anfang Mai sind die trockenen, steinigen Grashänge mit den sehr seltenen, leuchtend gelben Adonisröschen übersät. Am ehemaligen Bahnhof treffen wir auf ein gepflastertes Sträßchen, das uns links zur B 112 leitet. Wir überqueren vorsichtig die Bundesstraße und gehen geradeaus auf einem Fahrweg auf dem ehemaligen Bahndamm weiter. Nach 600 m führt der Weg links hinunter und an einer Unterführung vorbei. An einem einzelnen Gehöft biegen wir **links ab** ❻ und kommen zur Kirche von **Podelzig** ❶ zurück.

Shukov-Befehlsstand bei Reitwein.

↗ 80 m | ↘ 80 m | 10.7 km

15 Über die Müggelberge zum Großen Müggelsee

2.40 h

Schöne Ausblicke über den Berliner Südosten

Die Müggelberge sind ein bewaldeter Höhenzug im Südosten Berlins. Der Große Müggelberg ist mit seinen 115 Metern Höhe die größte natürliche Erhebung Berlins, auf dem Kleinen Müggelberg steht ein viel besuchter Aussichtsturm. Zu seinen Füßen liegt der kleine Teufelssee. Die Wanderung endet an der Gaststätte Neu-Helgoland, von hier aus kann man im Sommer auch mit dem Dampfer zurückfahren.

Ausgangspunkt: Köpenick, Tram 62, Haltestelle Wendenschloss, 35 m; Navi: 12557 Berlin, Wendenschloßstraße.
Endpunkt: Neu-Helgoland, 37 m; Rückfahrt ab Haltestelle Odernheimer Straße mit Bus 196, 5 Min. Fußweg.

Anforderungen: Bequeme Waldwege.
Einkehr: In Köpenick, Schmetterlingshorst, am Müggelturm und in Neu-Helgoland.
Karte: Müggelsee und Umgebung, 1:35.000 (BAR).

Von der Tramhaltestelle in **Köpenick** ❶ gehen wir auf der Wendenschlossstraße südwärts bis zur kleinen Grünanlage am Ufer des Langen Sees, der von der Dahme, einem Nebenfluss der Spree, durchflossen wird. Am gegenüberliegenden Ufer erkennt man die alten Rudererheime und die Tribüne der olympischen Regattastrecke von 1936. Wir biegen links in das Möllhausenufer ein und erreichen nach wenigen Minuten die Strandpromenade und das Seebad Wendenschloss. Am bewaldeten Ufer entlang gehen wir auf einem Wanderweg an der Ausflugsgaststätte **Schmetter-**

lingshorst ❷ vorbei und kommen wenig später zu den Resten der durch Brand zerstörten Ausflugsgaststätte **Marienlust** ❸.

Hier zweigt links ein Fahrweg ab. Nach ca. 400 m beginnt eine lange Treppenanlage, die zum **Müggelturm** ❹ auf dem Kleinen Müggelberg, 88 m, hinaufführt. Der 30 m hohe Turm wurde 1961 eröffnet, nachdem sein aus dem 19. Jahrhundert stammender Vorgänger abgebrannt war. Der Turm kann bestiegen werden. Ein weiter Rundblick über den Südosten der Hauptstadt und die angrenzenden Landkreise belohnt für die Mühen des Aufstiegs. Im Untergeschoss befindet sich ein Restaurant.

Nun geht es auf dem Höhenweg ohne Markierung in Richtung Osten weiter. Nach zehn Minuten führt links ein Weg zu einer Radarkuppel hinauf, wo wir links mit wenigen Schritten einen Abstecher zu einem Aussichtspunkt machen können, von dem man einen schönen Blick über den Müggelsee und hinüber nach Friedrichshagen hat. Wir setzen unsere Wanderung fort und gehen an der Radarkuppel und kurz darauf an einem Richtfunkturm vorbei. Wenige Schritte dahinter biegen wir links in einen **Waldweg** ❺ ein. Ein Wegweiser zeigt zum höchsten Berg Berlins, dem Großen Müggelberg, 115 m. Dieser liegt nur wenige Minuten abseits des Wegs, jedoch hat man von dort wegen des dichten Waldes keinerlei Aussicht. Nach 250 m geht es an einer Gabelung scharf links ab. Wir queren ein eiszeitliches Trockental und gehen am gegenüberliegenden Hang unterhalb der Sendeanlagen und dem Aussichtspunkt weiter. Vorbei an einer großen alten Eiche mit Sitzplätzen gelangen wir zur ehemaligen Rodelbahn, die heute als Mountainbikestrecke genutzt wird.

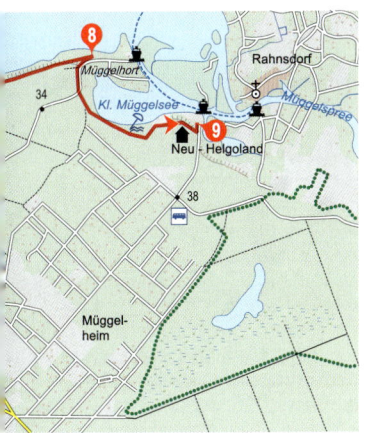

Auf einer Brücke queren wir diese Strecke und gelangen zum **Naturschutzgebiet Teufelssee** ❻ hinunter. Nun wandern wir rechts über einen Bohlenweg durch das Teufelsmoor und erreichen schließlich bei der Waldschule eine Fahrstraße, die uns zum Müggelheimer Damm und

Müggelturm.

geradeaus weiter zum Ufer des **Großen Müggelsees** ❼ bringt. Hier biegen wir rechts in den Uferweg ein. Vorbei am Hotel Müggelsee mit dem alten Wendenturm wandern wir am bewaldeten Südufer entlang und an einem kleinen Pfuhl vorbei etwa 3 km bis zu einer Fahrstraße, die von rechts aus Müggelheim herankommt. Kurz vorher biegen wir an einem Schild, das ein Wasserschutzgebiet kennzeichnet, rechts zu der **Fahrstraße** ❽ ab. Auf ihr gehen wir ein kurzes Stück rechts vom See weg, bis links eine zweite kleine Straße abbiegt, die zur Badestelle am Kleinen Müggelsee führt. Über den Strand und an der Rettungsstation vorbei gelangen wir in wenigen Minuten zur Ausflugsgaststätte **Neu-Helgoland** ❾ am Spreeufer.

Von hier aus kann man entweder mit der Fähre nach Müggelwerder oder nach Rahnsdorf fahren und von dort aus zur Tramhaltestelle Rahnsdorf (Waldschänke) gehen (nur in den Sommermonaten). Oder wir gehen auf der Asphaltstraße 1 km zur Haltestelle des Busses 196, der uns zum S-Bahnhof Köpenick bringt.

↗ 70 m | ↘ 70 m | 9.3 km
2.30 h
🚌 ✕ 👣

Von Rüdersdorf nach Erkner | 16

Streckenwanderung am Berliner Stadtrand

Unweit der südöstlichen Berliner Stadtgrenze liegt Rüdersdorf, das durch seine Kalksteinlagerstätte bekannt ist. Von hier aus führt ein schöner schattiger Wanderweg entlang des Kalksees nach Woltersdorf mit seinem hölzernen Aussichtsturm in den Kranichsbergen. Vorbei an der alten Schleuse und entlang des Flakensees gelangt man schließlich nach Erkner, von wo einen die S-Bahn nach Berlin zurückbringt.

Ausgangspunkt: Rüdersdorf, 43 m; Tram 88 ab S-Bhf. Friedrichshagen bis Hst. Rüdersdorf-Breitscheidstraße; Navi: 12587 Berlin, Dahlwitzer Landstraße 2.
Endpunkt: S-Bahnhof Erkner, 38 m; wer bereits in Woltersdorf die Wanderung beenden möchte, fährt mit der Tram 87 (Woltersdorfer Straßenbahn) zum S-Bahnhof Rahnsdorf.
Anforderungen: Breite Waldwege, teilweise Fußwege.
Einkehr: Gaststätten in Rüdersdorf, Woltersdorf und Erkner.

Karte: Müggelsee und Umgebung, 1:35.000 (BAR).
Tipp: In Rüdersdorf werden seit 750 Jahren Kalksteine abgebaut; im Museumspark Rüdersdorf können verschiedene technische Denkmäler besichtigt werden: Tel. +49 33638 799797, www.ruedersdorf-kultur.de;
in der Villa Lassen in Erkner informiert das Gerhart-Hauptmann-Museum über den berühmten Schriftsteller, der hier von 1885 bis 1889 gelebt hat: Gerhart-Hauptmann-Str. 1, 15332 Erkner, Tel. +49 3362 3663, www.gerhart-hauptmann.de.

Vom Ausgangspunkt in **Rüdersdorf** ❶ gehen wir auf der Breitscheidstraße in südlicher Richtung und biegen kurz danach in die Karlstraße ein. Diese führt unter der Autobahnbrücke durch zum Kalksee hinunter und geht bei den letzten Häusern in einen unbefestigten Waldweg über, der am östlichen Seeufer entlang in Richtung Woltersdorf führt und Teil des Heidewanderwegs ist. Die gesamte Strecke ist mit Ausnahme des Anstiegs zum Aussichtsturm mit rotem Strich markiert. Nach einer Viertelstunde erreichen wir die Siedlung **Seebad Rüdersdorf** ❷.

Liebesquelle.

Der Weg führt durch Bruchwald und an mehreren Badestellen vorbei. Auf Höhe der heutigen Reha-Klinik drehte die UFA nach 1918 mehrere Filme. Für die Tonfilmfassung des »Indischen Grabmals« unter der Regie von Fritz Lang tummelten sich am Seeufer Krokodile, Tiger und Elefanten. Im nahe gelegenen Aussichtsturm in den Kranichsbergen, der 1884 eröffnet wurde, befindet sich zu diesem Thema eine kleine Ausstellung.

Bald führt unser Weg an einem Kanal entlang, der den Kalksee mit dem Flakensee verbindet. Auf dem Kanal wurden früher Kalksteine aus den Rüdersdorfer Steinbrüchen nach Berlin verschifft. Der Wanderweg wird bei den ersten Häusern von Woltersdorf zum Fahrweg und trifft kurz danach bei der schön eingefassten **Liebesquelle** ❸ auf die Woltersdorfer Landstraße. Die versiegte Quelle ist inzwischen an die örtliche Wasserleitung angeschlossen worden.

An der Quelle biegt ein nicht markierter Wanderweg links ab und führt zunächst über Stufen und dann auf etwas steilerem Fußweg aufwärts. Zuletzt geht es um einen Trinkwasserbehälter herum zum Aussichtsturm auf den **Kranichsbergen** ❹, der mit 104 m Höhe immerhin mehr als 70 m höher als die umliegenden Seen ist. Dort oben haben wir eine schöne Aussicht auf die südöstliche Umgebung Berlins bis hin zum Berliner Fernsehturm.

Der Abstieg nach Woltersdorf erfolgt entweder über eine Treppenanlage oder etwas weiter über den Fahrweg. Beide Wege führen zur Woltersdorfer Schleuse hinunter, die bereits seit dem 16. Jahrhundert besteht.

Auf der Strandpromenade setzen wir unsere Wanderung fort. Wir folgen der roten Strich-Markierung am Ostufer des Flakensees an der Anlegestelle der Ausflugsschiffe vorbei und kommen bald an eine größere Badestelle mit

Woltersdorf.

Campingplatz. Nun leitet uns der mit rotem Strich markierte Wanderweg im Bruchwald an der Löcknitz entlang bis zu einer Straßenbrücke. Man überquert nun den Bach und geht auf der Fürstenwalder Straße in Richtung Ortsmitte von Erkner, unterquert vorher die Bahngleise und wendet sich nach 300 m nach rechts in die Friedrichstraße, die direkt zum S-Bahnhof **Erkner** ❺ führt.

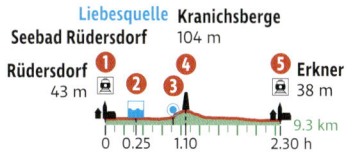

17 Löcknitztal

↗ 40 m | ↘ 35 m | 18.5 km
4.30 h

Wanderung durch das naturbelassene Tal der Löcknitz

Am südöstlichen Stadtrand von Berlin liegt die Waldlandschaft der Rüdersdorfer Heide. Ein schöner, markierter Wanderweg führt entlang der Löcknitz zum Bahnhof Fangschleuse und weiter nach Klein Wall und Altbuchhorst am Möllensee. Von dort kann man zum Bahnhof Fangschleuse wandern oder mit dem Bus nach Erkner zurückfahren.

Ausgangspunkt: Friedrichstraße in Erkner, 30 m; Bus 420, 428, 429 ab Bhf. Erkner, Hst. Kirche. Navi: 15537 Erkner, Friedrichstr. 52.
Endpunkt: Bhf. Fangschleuse, 45 m; Rückfahrt mit Regionalexpress nach Erkner.
Anforderungen: Waldwege und Pfade.
Einkehr: Gasthöfe in Erkner, Fischerei Klein Wall.
Karten: Müggelsee und Umgebung, 1:35.000 (BAR); Naturpark Märkische Schweiz, Buckow, Waldsieversdorf, 1:50.000 (BAR); Märkische S 5-Region, 1:50.000 (LGB).
Tipp: In der Villa Lassen in Erkner informiert das Gerhart-Hauptmann-Museum über den berühmten Schriftsteller, der hier von 1885 bis 1889 gelebt hat: Gerhart-Hauptmann-Str. 1, 15332 Erkner, Tel. +49 3362 3663, www.gerhart-hauptmann.de.

Am Kreisverkehr an der Friedrichstraße in **Erkner** ❶ beginnt unsere Wanderung. Wir gehen auf der Fürstenwalder Straße bis zur Löcknitzbrücke und biegen am Wanderparkplatz rechts in den mit einem blauen Punkt markierten Leistikowweg, der an den impressionistischen Berliner Maler Walter Leistikow erinnert.
Er führt in 20 Min. um den Wupatzsee herum zur Löcknitzkanalbrücke und wenig später zur Brücke über die Löcknitz. Nach 200 m biegen wir an einem Radweg links und nach weiteren 800 m kurz vor der Autobahnbrücke über den Berliner Ring ohne Markierung noch einmal links ab. Entlang der Löcknitz gehen wir zu einer Ferienhaussiedlung und unter der Autobahnbrücke durch. Wegen der vier überdimensionalen

Badestrand am Peetzsee.

Froschskulpturen wird sie auch »Froschbrücke« genannt. Über Schafweiden geht es in 20 Min. zur Löcknitzbrücke im Grünheider Ortsteil Gottesbrück. Wir bleiben am diesseitigen Ufer und wandern auf dem abwechslungsreichen Löcknitztalweg weiter durch Bruchwald. Nach einer halben Stunde erreichen wir die Landstraße in Richtung Grünheide, wo wir links abbiegen

An der Froschbrücke.

und auf einem Rad- und Fußweg die Löcknitz überqueren. Auf der gegenüberliegenden Straßenseite sehen wir an einem **Wanderparkplatz** ❷ ein Kriegerdenkmal, das an die Gefallenen des Ersten Weltkriegs erinnert. Hier beginnt ein mit gelbem Strich markierter Wanderweg, der uns unmittelbar hinter dem Parkplatz nach rechts an den Rand der sumpfigen Löcknitzniederung und an der Fontanekiefer vorbei zu einer Forststraße leitet. Auf dieser gehen wir etwa 50 m geradeaus und biegen dann rechts ab. Durch lichten Kiefernwald wandern wir mit der Gelbstrich-Markierung weiter am Rand des Löcknitztals zu den Häusern von **Klein Wall** ❸. Rechts kann man auf die Teiche der Fischerei blicken. Die Freizeit- und Bildungsstätte liegt links von uns. Am Ende der Siedlung halten wir uns rechts. Nun geht es mit der Gelbstrich-Markierung nordwärts. Nachdem wir 25 Min. lang immer geradeaus gegangen sind, kommen wir zum **Kieskanal** ❹. Wir bleiben auf dem diesseitigen Ufer und wandern bis zur Mündung des Kieskanals in den Möllensee. An seinem Ufer laufen wir in Richtung Westen weiter und umgehen einen Campingplatz. Nach 200 m biegen wir rechts ab und kommen an einer Fabrikruine vorbei. Jetzt begleiten uns wieder der Möllensee und später der Verbindungskanal zum Peetzsee das letzte Stück bis **Altbuchhorst** ❺. Rechts können wir auf der Altbuchhorster Straße in 10 Min. zur Haltestelle gehen, von wo der Bus 429 nach Erkner zurückfährt. Wer jedoch noch weiter wandern möchte, geht auf der Altbuchhorster Straße nach links und hält sich an der nächsten Straße rechts. Nach den letzten Häusern passieren wir den Badestrand am Peetzsee und wenig später den Campingplatz. Dahinter biegen wir links ab und wandern mit einer Grünpunkt-Markierung in einer Viertelstunde zu dem uns schon bekannten **Wanderparkplatz** ❷ an der Landstraße. Auf dem Rad- und Fußweg erreichen wir in wenigen Minuten den **Bahnhof Fangschleuse** ❻.

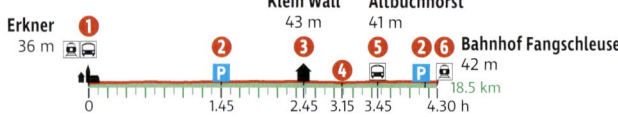

↗ 140 m | ↘ 140 m | 14.2 km
3.40 h

Die Markgrafensteine in den Rauener Bergen

TOP 18

Zum größten landliegenden Findling Deutschlands bei Bad Saarow

Südlich von Fürstenwalde erheben sich am Rande des Warschau-Berliner Urstromtals zwischen Rauen und Bad Saarow die Rauener Berge, die in der vorletzten Eiszeit entstanden sind. Die Markgrafensteine oder Rauener Steine, die dort zu finden sind, zählen zu den größten Findlingen Deutschlands.

Ausgangspunkt: Hafen von Bad Saarow, 46 m; Luftkurort und Thermalbad; vom Bahnhof in 20 Min. über die Seestraße und durch den Kurpark am Seeufer; Navi: 15526 Bad Saarow, Seestr. 51.
Anforderungen: Breite Waldwege.
Einkehr: Unterwegs keine; Gasthäuser in Bad Saarow.
Karten: Scharmützelsee, Bad Saarow und Umgebung, 1:35.000 (BAR); Scharmützelsee/Storkower Umgebung, 1:25.000 (LGB).
Tipp: Gästeinformation, Bahnhofsplatz 4, Tel. +49 33631 8680, www.bad-saarow.de.

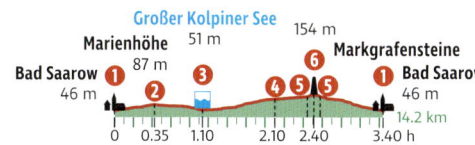

Der größere der beiden Markgrafensteine wiegt ungefähr 280 Tonnen.

Vom Hafen von **Bad Saarow** ❶ gehen wir zunächst auf der Seestraße und dann der Silberberger Straße 500 m bis zum Parkplatz mit Bushaltestelle. Hier beginnt ein Fußweg, der mit blauem Punkt markiert ist und parallel zur Straße verläuft. Nach kurzer Zeit biegen wir rechts ab und wandern auf einer ehemaligen Bahntrasse zu einer Straße und weiter in ein ehemaliges Tonabbaugebiet, das heute aber mit dichtem Wald bedeckt ist. Jetzt müssen wir auf die Markierung achten, da sie nicht immer gut zu erkennen ist. Sie führt uns mehr oder weniger geradeaus und schließlich über Stufen aufwärts. Bald haben wir den Waldrand erreicht und kommen zu einem großen Feld unterhalb eines Wasserreservoirs am Ökobauernhof **Marienhöhe** ❷. Er gilt als der älteste biologisch-dynamisch arbeitende Hof Deutschlands. Auf einem Wirtschaftsweg gehen wir nach Neu Reichenwalde, biegen dort rechts ab und folgen der kleinen Fahrstraße zum Waldrand. Geradeaus führt der mit blauem Punkt markierte Wanderweg in den Wald. Nach 500 m biegen wir links ab und wandern auf einer Forststraße zum Ostufer des **Großen Kolpiner Sees** ❸. Hier geht es rechts weiter.

An einer Badestelle vorbei kommen wir zu einigen Häusern und biegen dort ohne Markierung rechts ab. An einem Campingplatz vorbei erreichen wir nach wenigen Minuten am Waldrand eine Forststraße, in die wir rechts einbiegen. Auf dieser Alten Petersdorfer Straße wandern wir immer leicht ansteigend in die Rauener Berge. Nach 40 Min. zweigen wir an einem Wegweiser, der uns die Richtung zu den Rauener Steinen anzeigt, links ab. Auf einem Naturlehrpfad geht es wenige Minuten später am Hirschbrunnen, einem Teich links unterhalb des Weges, vorbei zu einer großen **Kreuzung** ❹. In dieser Gegend wurde bis 1924 Braunkohle abgebaut. Hier halten wir uns rechts und nach zehn Minuten an einer anderen Kreuzung links, biegen aber bereits an der darauffolgenden Gabelung wieder rechts ab. Schließlich erreichen wir nach weiteren zehn Minuten eine Forststraße,

Am denkmalgeschützten Bahnhof von Bad Saarow.

auf der wir links zu den **Markgrafensteinen** ❺ gelangen. Ein großer, überdachter Rastplatz lädt zur Pause ein. Die Markgrafensteine aus porphyrischem Granit wurden vom Gletscher der letzten Eiszeit aus Karlshamn in Südschweden hierher verschoben. Vom einst größeren Stein wurde 1827 ein Großteil abgesprengt und nach Berlin transportiert. Die große Schale vor dem Alten Museum im Lustgarten in Berlin ist daraus geformt worden. Der kleine, unversehrte Markgrafenstein ist 5,70 m hoch und heute der größte landliegende Findling Deutschlands.

Nachdem wir uns umgesehen haben, folgen wir den Schildern zum nahen **Aussichtsturm** ❻. Von seiner Plattform haben wir einen schönen Rundblick über den Scharmützelsee und nach Fürstenwalde. Bei guter Sicht können wir sogar im Westen den Berliner Fernsehturm erkennen.

Auf demselben Weg gehen wir zu den **Markgrafensteinen** ❺ zurück und auf der Forststraße, auf der wir gekommen sind, abwärts. Nach ca. 400 m verlassen wir sie und wandern an einem Wegweiser rechts in Richtung Bad Saarow auf einem Fußweg über einige Stufen hinunter, dahinter wieder steil hinauf, immer geradeaus, bis wir nach 1 km an einer Sitzgruppe von einem zweiten Wegweiser links hinab nach Bad Saarow geleitet werden. Nach weiteren 2 km erreichen wir am Hotel Esplanade die Seestraße und den Hafen von **Bad Saarow** ❶.

↗ 40 m | ↘ 40 m | 22.2 km

19 Rund um den Hohennauener See

5.40 h

Rundwanderung im Naturpark Westhavelland

In der Havelniederung liegt nördlich von Rathenow der 10 km lange Hohennauener See. Im Sommer ist er ein Paradies für Segler, Ruderer, Angler und Badegäste. Im Winter dagegen, wenn der See zugefroren ist, treffen sich hier die Schlittschuhläufer und Eissegler. Um diesen vom Rhin durchflossenen See führt ein schöner, beschilderter Rundwanderweg. Die Dorfkirche von Hohennauen besitzt eine wertvolle Ausstattung aus der Renaissance (Altar und Kanzel). Einen qualitätvollen Schnitzaltar aus dem 15. Jahrhundert sowie einen Kanzelaltar aus dem 18. Jahrhundert findet man in der Kirche von Ferchesar.

Ausgangspunkt: Hohennauen, 26 m, Bus 684 ab Bhf. Rathenow bis Hst. Hohennauen, Dorf; Navi: 14715 Seeblick OT Hohennauen, Rhinower Straße.
Anforderungen: Wald- und Wiesenwege.

Einkehr: Gasthöfe in Hohennauen, Semlin und Ferchesar.
Karten: Rathenow, Premnitz, 1:35.000 (BAR); Naturpark Westhavelland-Nord, 1:50.000 (LGB).

Wir beginnen unsere durchgehend mit grünem Punkt markierte Wanderung in **Hohennauen** ❶ und gehen zunächst auf der B 102 ungefähr 300 m nach Süden in Richtung Rathenow. Nachdem wir die Hohennauener Wasserstraße überquert haben, verlassen wir an der Abzweigung nach Semlin die Bundesstraße und gehen auf dieser asphaltierten Straße wenige Schritte, bis links ein Fahrweg zu einer Wochenendhaussiedlung abbiegt. Bald kommen wir wieder auf die Asphaltstraße zurück. Hier halten wir uns links, halten uns 15 Min. in Richtung Semlin und biegen dann links in einen Feldweg ein. Auf ihm wandern wir zum Ufer des Sees. Über weite Strecken ist noch der natürliche Schilfgürtel erhalten, sodass man selten direkt ans Ufer gelangt. Trotzdem schweift der Blick aufs gegenüberliegende Ufer mit der Ortschaft Wassersuppe und den Höhen des Ländchens Rhinow.

Unser Weg führt uns zur Asphaltstraße zurück, wo wir uns links halten und in zehn Minuten **Semlin** ❷ erreichen. Hier biegen wir links in den Mühlenweg ein. Am Seeufer geht es nach rechts, und wenn wir die letzten Häuser hinter uns gelassen haben, beginnt ein schöner Wiesenpfad, auf dem wir

Am Hohennauener See.

nach ungefähr 1,3 km die Häuser von **Semlin Ausbau** ❸ erreichen. Nach Passieren der Siedlung sind wir wieder am Ufer und wandern erst durch Schilfwiesen und später unter Bäumen zu einem **Sportboothafen** ❹. Ein kurzes Stück müssen wir nun wieder auf einer Straße gehen. Daneben gibt es aber einen Radweg. Nach 300 m führt der Rundwanderweg links von der Straße weg zum Ufer hin. Das von schönen Laubbäumen bestandene Ufer begleitet uns nun bis **Ferchesar** ❺.

Am westlichen Ende des Sees, der hier auch Ferchesarer See heißt, wechseln wir die Seite und wandern nun am Nordufer zurück. An einem Campingplatz vorbei gelangen wir auf einen Höhenweg, der uns immer wieder Blicke über den See gewährt. Im weiteren Verlauf des wenig markierten Weges halten wir uns immer in Sichtweite des Seeufers, bis wir bei dem Ferienlager Tegeland einen Forstweg erreichen, dem wir links zum Eingang des Ferienlagers folgen. Hier biegen wir rechts ab und kommen nach 200 m zu einer Forststraße, auf der wir links aus dem Wald hinaus gehen. Durch sumpfige Wiesen erreichen wir wenig später über die Rhinbrücke eine wenig befahrene Landstraße, auf der wir links nach 1 km die Ortschaft **Wassersuppe** ❻ erreichen.

Am Ortsanfang beginnt links ein beschilderter Uferweg, der durch die Schilfwiesen den Ort auf Seeseite umgeht. Links bietet sich eine schöne Aussicht auf das gegenüberliegende Seeufer. Am Wasserwanderliegeplatz wenden wir uns vom Ufer ab und gehen auf einem Feldweg und später auf dem Hochwasserschutzdeich nach **Hohennauen** ❶ zurück.

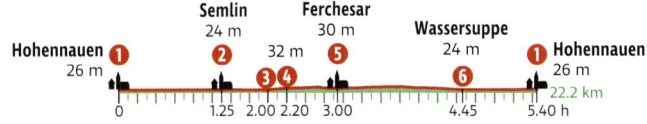

↗ 25 m | ↘ 25 m | 10.1 km

20 Döberitzer Heide (1)

2.40 h

Von Elstal nach Dallgow-Döberitz

Der ehemalige Truppenübungsplatz in der Döberitzer Heide unmittelbar hinter der westlichen Berliner Stadtgrenze steht seit dem Abzug der Roten Armee unter Landschaftsschutz. Durch die militärische Nutzung seit Ende des 19. Jahrhunderts blieb das fast 3500 ha große Gebiet vor Zersiedelung und Zersplitterung in landwirtschaftlich genutzte Flächen geschützt. So sind die heute sehr artenreichen offenen Heide- und Trockenlandschaften entstanden, in die viele Feuchtwiesen, Moore und kleine Gewässer eingebettet sind. Auf abgezäunten Wegen kann man das Gelände jedoch erkunden. Im Kernbereich, der als Totalreservat der Heinz-Sielmann-Stiftung des bekannten Tierfilmers nicht betreten werden darf und durch einen Elektrozaun gesichert ist, leben zahlreiche Wisente und Wildpferde.

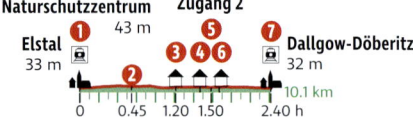

Ausgangspunkt: Bhf. Elstal, 33 m; Navi: 14641 Wustermark OT Elstal, Bahnhofstr. 2.
Endpunkt: Bhf. Dallgow-Döberitz, 32 m; Rückfahrt mit der Regionalbahn.
Anforderungen: Breite Wald- und Wiesenwege, die wenig bis keinen Schatten bieten; in der Döberitzer Heide sind alle Wege durch Geländer begrenzt und dürfen nicht verlassen werden, da das gesamte Gelände mit alter Munition kontaminiert ist.

Einkehr: Unterwegs keine; Gaststätten in Elstal und Dallgow-Döberitz.
Karten: Döberitzer Heide, Spandau, Grunewald und Umgebung, 1:35.000 (BAR).
Tipp: Olympisches Dorf in Elstal, Tel. +49 33234 86277, www.historia-elstal.de; Sielmanns Naturlandschaft Döberitzer Heide, Elstal, Tel. +49 33234 24890, www.sielmann-stiftung.de.
Hinweis: Diese Wanderung kann mit Tour 21 kombiniert werden.

Wir verlassen den Bahnhof **Elstal** ❶ und gehen auf der Bahnhofstraße nach links. Nach 1 km erreichen wir die Rosa-Luxemburg-Allee. Wer das Olympische Dorf von 1936 besuchen möchte, geht hier nach links. Es wird zurzeit unter Beachtung des Denkmalschutzes zu exklusiven Wohnungen umgebaut.
In die Döberitzer Heide hingegen gelangt man, wenn man auf der Rosa-Luxemburg-Allee rechts und dann links auf der Hauptstraße südwärts zur B 5 läuft. Dabei passiert man mehrere Garagen und Wartungshallen des Militärs, die inzwischen teilweise saniert sind. Wir queren die B 5 und gehen auf einer Fahrstraße, die zu mehreren Parkplätzen am Rand der Döberitzer

In der Döberitzer Heide.

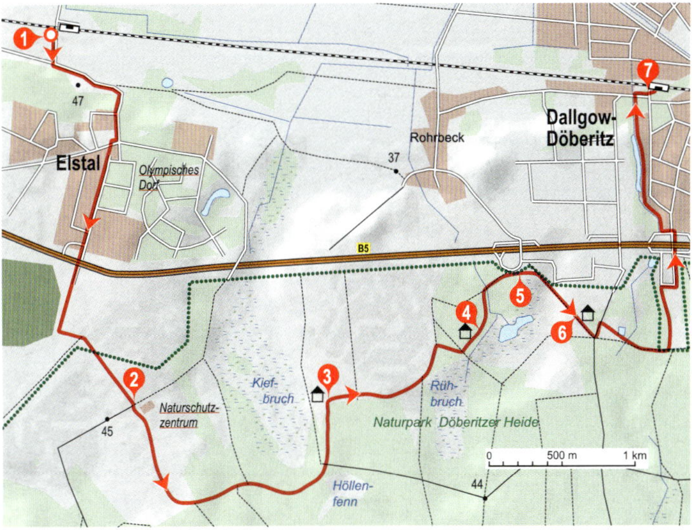

Heide führt. Auf dem Asphaltsträßchen wandern wir links weiter und erreichen in wenigen Minuten das **Naturschutzzentrum** ❷, das in der ehemaligen Kommandantur der Roten Armee eingerichtet wurde. Es soll von der Heinz-Sielmann-Stiftung zum Besucherzentrum für die Döberitzer Heide umgebaut werden. Unser Weg führt an einem Gehege mit Heidschnucken und Wildziegen vorbei durch sandiges Gelände. Nach zehn Minuten halten wir uns an einer Gabelung links und kommen anschließend in einen lichten Eichen-Birken-Wald. In einem ständigen Auf und Ab schlängelt sich unser Weg vorbei an zwei überdachten **Sitzplätzen** ❸ und ❹ mit Infotafeln und kommt wieder in die Nähe der B 5. Hier befindet sich ein **weiterer Zugang** ❺ in die Döberitzer Heide.

Wir wandern auf der hier beginnenden Straße, die anfangs asphaltiert ist, rechts weiter. Unser Weg führt uns zu einer überdachten **Schutzhütte** ❻ und nach wenigen Minuten zu einem gepflasterten Querweg, dem wir nach links folgen. Zu beiden Seiten des Wegs stehen alte Alleebäume. Wir befinden uns auf der ehemaligen Chaussee von Dallgow zum heute nicht mehr existierenden Ort Döberitz, dessen Bewohner bei Errichtung des Truppenübungsplatzes nach Dallgow umgesiedelt wurden. Bereits nach 200 m biegen wir rechts ab, halten uns an der nächsten Weggabelung links und kommen nach wenigen Schritten zu einer Abzweigung. Linker Hand stehen einige Straßenlaternen, die hier mitten im Wald etwas deplatziert wirken; hier hat die Natur die dazugehörige Straße bereits wieder überwuchert. Wir gehen links weiter und gelangen nach wenigen Minuten zu einer Betonstraße, die uns an einem Bunker vorbei zum Gewerbegebiet »Artilleriepark« an der B 5 in Dallgow-Döberitz führt. Nachdem wir die B 5 unterquert haben, gehen wir links ein kurzes Stück bis zu einer Brücke. Hier biegt rechts ein Promenadenweg ab, der uns am Ostufer des Schwanengrabens unter schattigen alten Bäumen zum Bahnhof **Dallgow-Döberitz** ❼ bringt.

Der Weg führt durch eine schöne Heidelandschaft.

↗ 15 m | ↘ 15 m | 10.5 km

2.40 h
🚌 👫

Döberitzer Heide (2) 21

Von Dallgow-Döberitz zum Manöverdenkmal

Auf dem unweit der westlichen Stadtgrenze Berlins gelegenen ehemaligen Truppenübungsplatz in der Döberitzer Heide, der seit Abzug der Roten Armee 1994 unter Landschaftsschutz steht, führt uns dieser Rundwanderweg durch sehr abwechslungsreiche Heide- und Trockenlandschaften. Längere Zeit wandern wir an der mit einem Elektrozaun gesicherten Wildniskernzone der Heinz-Sielmann-Stiftung entlang, in der zahlreiche Wisente und Wildpferde leben. Am Schluss kommen wir am Manöverdenkmal vorbei, von dem aus man nahezu das ganze Areal überblicken kann.

Ausgangspunkt: Bhf. Dallgow-Döberitz, 32 m; Navi: 14624 Dallgow-Döberitz, Bahnhofstraße 127.
Anforderungen: Breite, teilweise wenig Schatten bietende Wald- und Wiesenwege; alle Wege dürfen nicht verlassen werden, da das gesamte Gelände mit alter Munition kontaminiert ist.
Einkehr: Unterwegs keine; Gaststätten in Dallgow-Döberitz.
Karten: Döberitzer Heide, Spandau, Grunewald und Umgebung, 1:35.000 (BAR); Osthavelland, 1:50.000 (LGB).
Tipp: Sielmanns Naturlandschaft Döberitzer Heide, Elstal, Tel. +49 33234 24890, www.sielmann-stiftung.de.
Hinweis: Diese Wanderung kann mit Tour 20 kombiniert werden.

Wir verlassen den Bahnhof **Dallgow-Döberitz** ❶ am Südausgang und gehen nach rechts in die Bahnhofstraße. Ein Wegweiser zeigt uns an, dass wir auf dem Weg in die Döberitzer Heide sind.

Döberitzer Heide.

Nach nur wenigen Schritten zweigt links ein Fußweg ab, der uns unter alten Bäumen am teilweise zu einem See aufgeweiteten Schwanengraben entlang zur B 5 führt. Hier gehen wir erst nach links und dann rechts in einer Unterführung unter der Bundesstraße hindurch. Wir befinden uns nun im Gewerbegebiet Artilleriepark und folgen dem Wegweiser zum Sperlingshof, wo wir links in die Döberitzer Heide abbiegen. Zunächst wandern wir auf einer alten Pflasterstraße, die früher zu der heute nicht mehr vorhandenen Ortschaft Döberitz führte, und biegen nach 600 m links ab.

Nach einiger Zeit passieren wir eine **Schutzhütte** ❷ mit Infotafel. An der folgenden Wegegabelung nehmen wir den Weg rechts und wandern durch Grasland. Einzelne Birkengruppen erinnern an die Tundra. Bald kommt wieder eine **Schutzhütte** ❸, an der wir geradeaus vorbeigehen. Dann wendet sich der Weg nach links und führt in weitem Bogen durch Ginstergebüsch und ein Wäldchen. Schließlich erreichen wir an einer Schranke die

Reste einer Straße, die an den noch vorhandenen, teilweise abgestorbenen Bäumen in der **Alten Allee** ❹ zu erkennen ist. Hier biegen wir links ab und kommen zum schon lange sichtbaren **Obelisken** ❺ auf dem Hasenheider Berg. Er wurde 1903 unter Kaiser Wilhelm II. als Manöverdenkmal zur Erinnerung an das erste Truppenmanöver aufgestellt, das 1753 unter Friedrich dem Großen mit 40.000 Soldaten stattfand.

Der Rückweg führt in nordwestlicher Richtung zu einer Kreuzung. Dort zweigen wir links ab und nehmen nach wenigen Schritten den rechts abzweigenden Weg. Diesem folgen wir etwa 1 km und missachten alle anderen abgehenden Wege. Bald laufen wir wieder durch Wald. An einer Abzweigung stehen ein paar Straßenlampen; die dazugehörige **Alte Straße** ❻ hat sich die Natur zurückerobert und ist unter der dichten Vegetation nicht mehr zu erkennen. Hier biegen wir rechts ab und kommen nach wenigen Minuten an einem Bunker vorbei ins Gewerbegebiet »Artilleriepark« und zur B 5. Auf schon bekanntem Weg wandern wir durch den Schwanengraben zurück zum Bahnhof **Dallgow-Döberitz** ❶.

Am Manöverdenkmal hat man einen weiten Blick über die Döberitzer Heide.

↗ 50 m | ↘ 50 m | 7.9 km
1.50 h

22 Lehnin und das Quellgebiet der Elster

Rundwanderung nach Emstal und an den Gohlitzsee

Das Kloster Lehnin wurde im frühen 12. Jahrhundert von Zisterzienser-mönchen gegründet, um das damals sumpfige und unwegsame Gelände urbar zu machen. Für den Wanderer ist diese Sehenswürdigkeit auch Ausgangspunkt einer Wanderung auf dem Willibald-Alexis-Wanderweg. Er wurde in Erinnerung an den 1798 geborenen Schriftsteller angelegt, der in Lehnin wohnte und als Begründer des realistischen Romans in der deutschen Literatur gilt.

Ausgangspunkt: Kloster Lehnin, 35 m; Bus 553 und 554 ab Bahnhof Brandenburg und Bus 643 ab Hauptbahnhof Potsdam bis Haltestelle Lehnin, Busbahnhof; Navi: 14797 Kloster Lehnin, Goethestraße.
Anforderungen: Bequeme Waldwege.
Einkehr: Unterwegs keine; Gaststätten in Lehnin.
Karten: Brandenburger Havelseen und Umgebung, 1:50.000 (BAR).
Tipp: Museum im Zisterzienserkloster Lehnin: Tel. +49 3382 768842, www.kloster-lehnin.de.

An der Pforte des ehemaligen Zisterzienserklosters in **Lehnin** ❶ beginnt der durchgehend mit einem gelben Punkt markierte Willibald-Alexis-Wanderweg, dem wir bei dieser Runde folgen. Von der 1180 gegründeten und 1542 säkularisierten Klosteranlage bestehen u. a. noch die frühgotische Klosterkirche und das sogenannte Königshaus. Die anderen, noch erhaltenen Klostergebäude sind seit dem 19. Jahrhundert mehrmals verändert worden; in den letzten Jahren des 20. Jahrhunderts kamen ein Krankenhaus und ein Altenheim dazu.
Ein großer Wanderwegweiser zeigt uns die Richtung an. Wir folgen ihm und verlassen auf der Emstaler Landstraße den Ort. Bei den letzten

Häusern schwenken wir rechts in einen Waldweg ein. Bereits nach wenigen Minuten kommen wir an der **Alten Revierförsterei** ❷ vorbei. Einer Infotafel entnehmen wir, dass hier einst Willibald Alexis wohnte und arbeitete. Nach 500 m biegen wir an einer Kreuzung links ab. Nach weiteren 500 m passieren wir wieder eine Infotafel, die von Frau Hucke und Frau Harke berichtet, die hier den Wanderern auflauern sollen. Alexis erwähnt die alte märkische Sage in seinem 1846 erschienenen Roman »Die Hosen des Herrn von Bredow«.

Nach wenigen Minuten erreichen wir wieder die Landstraße von Lehnin nach Emstal. Hier halten wir uns rechts. Auf einem Fuß- und Radweg gehen wir 10 Min. nach Süden, bis ein Wegweiser rechts die Fortsetzung des Wanderwegs anzeigt.

Kloster Lehnin.

Abseits vom Weg liegt rechts im Wald der Mittelsee, dessen sumpfiges Ufer man jedoch nicht betreten kann. Nach 1 km erfahren wir an der nächsten **Infotafel** von der Burg Hohen-Ziatz, auf der nach der dichterischen Fantasie von Willibald Alexis der Herr von Bredow residiert haben soll.

Wir haben jetzt das Quellgebiet der Emster erreicht. Das Gewässer wurde im 19. Jahrhundert nördlich von Lehnin zu einer kleinen Wasserstraße ausgebaut und diente als Transportweg für Ziegel nach Berlin. Auf einem Feldweg wandern wir entlang des **Emstaler Schlauchs** ❸, eines malerischen Torfstichsees, und biegen nach 10 Min. an einem Wegweiser bei den ersten Häusern von Rädel scharf rechts ab. Auf dem mit einem gelben Punkt markierten Willibald-Alexis-Wanderweg geht es nun wieder in Richtung Norden. Nach 10 Min. führt uns die Markierung in die Nähe des in dichtem Erlengebüsch versteckten Gohlitzsees. Erst bei einem Rastplatz und einer weiteren Infotafel erreichen wir das Ufer des **Gohlitzsees** ❹. Nach Willibald Alexis soll sich auf dem Grund des Sees ein Dorf befinden.

Auf breitem Weg wandern wir am See entlang. Schließlich zweigt der Wanderweg rechts ab und führt uns zu den ersten Häusern von Lehnin. Wir kreuzen die Hirsebergstraße und gehen geradeaus weiter zur Puschkinstraße. Hier finden wir am Eingang zum Waldfriedhof das **Willibald-Alexis-Denkmal** ❺. Links führt uns die Puschkinstraße in die Ortsmitte, zum Busbahnhof und weiter zum **Kloster Lehnin** ❶ zurück.

↗ 0 m | ↘ 0 m | 4.9 km
1.10 h

23 Rund um die Burg Ziesar

Wanderung um die Residenz der Brandenburger Bischöfe

Von der Mitte des 14. Jahrhunderts bis zur Reformation war die Burg Ziesar ständige Residenz der Brandenburger Bischöfe. Sie lag gut geschützt zwischen mehreren Seen, die heute alle verlandet sind. Einer war der sogenannte Die Alte See, um den heute ein abwechslungsreicher Wanderweg führt. Er bietet dem Wanderer immer wieder schöne Blicke zur gut erhaltenen Burganlage, deren Besichtigung im Übrigen sehr lohnend ist. Im Frühling kann man auf den benachbarten Wiesen mit etwas Glück die streng geschützte Schachbrettblume (Fritillaria meleagris) finden.

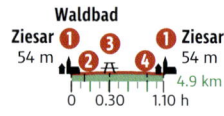

Ausgangspunkt: Burg Ziesar, 54 m; Bus 560 ab Bhf. Brandenburg bis Hst. Ziesar, Breiter Weg, 10 Min. Fußweg zur Burg; Navi: 14793 Ziesar, Mühlentor 15.
Anforderungen: Wald- und Feldwege.
Einkehr: Unterwegs keine; Gaststätten in Ziesar.
Karte: Hoher Fläming, Bad Belzig, Beelitz und Umgebung, 1:50.000 (BAR).
Tipp: Burgmuseum, Tel. +49 33830 12735, www.burg-ziesar.de.

Wir beginnen unsere kurze Rundwanderung vor dem Tor der Burg in **Ziesar** ❶ und gehen ostwärts am Storchenturm aus dem 15. Jahrhundert vorbei, auf dem seit Jahrhunderten Störche nisten. Vorbei am Bergfried mit der sogenannten Bischofsmütze, die im 16. Jahrhundert als Schutz für die Wachmannschaften auf den mittelalterlichen Turm aufgesetzt worden ist, verlassen wir den kleinen Burgpark und wandern auf einem mit der Nr. 51 markierten Wanderweg an einigen Viehweiden entlang. Nach 10 Min. kommen wir am ehemaligen **Waldbad** ❷ vorbei, dessen mit Schilf bestandenes Schwimmbecken wir rechts unterhalb des Weges sehen können. Unmittelbar danach überqueren wir Gleise einer stillgelegten Eisenbahnlinie. Dann geht es am Rand eines Bruchwaldes und später einer großen Hecke entlang weiter nach Süden. An einer Schotterstraße halten wir uns mit

Die von einem kleinen Park umgebene Burg Ziesar.

der Markierung rechts. Jetzt müssen wir aufpassen, dass wir nach 5 Min. die Abzweigung nach rechts nicht übersehen. Auf einem Pfad durch lichten Wald kommen wir zu einem **Rastplatz** ❸. Auf einer Infotafel werden die Besonderheiten der Landschaft und der Alten See erklärt.

Nach ein paar Minuten führt uns der Pfad aus dem Wald hinaus. Auf einem Feldweg kommen wir an einer Regenschutzhütte vorbei und erreichen nach 10 Min. wieder den Wald. Hier geht es auf einem schmalen Pfad, der neben einer Forststraße verläuft, zu einer Landstraße. Auch hier wandern wir etwas abseits im Wald weiter, überqueren noch einmal die Gleise der stillgelegten Bahnlinie und gelangen zum **Sportplatz** ❹. Unser Wanderweg leitet uns jetzt an den Rand der Viehweiden bei Ziesar zurück, von wo man noch einmal einen schönen Blick auf die nahe Burganlage hat. Auf der Straße »Mühlentor« gehen wir zurück zur Burg in **Ziesar** ❶. Zum Schluss bietet sich noch eine Besichtigung der Burganlage an. Neben dem Palais mit dem Museum für brandenburgische Kirchen- und Kulturgeschichte des Mittelalters liegt die mit gotischen Fresken geschmückte Burgkapelle. Vom Bergfried hat man einen schönen Ausblick auf die Umgebung Ziesars.

↗ 70 m | ↘ 70 m | 13.5 km

24 Briesener Berge und Klein Briesener Bach

3.20 h 🚌 👥

Rundwanderung von Ragösen zum Aussichtsturm Briesener Berge

Der Hohe Fläming erhebt sich steil über dem Glogau-Baruther Urstromtal. Er erhielt seinen Namen von Flamen und Niederländern, die im 12. und 13. Jahrhundert nach Sturmfluten ihre Heimat verlassen mussten und hier angesiedelt wurden. Durch wildreiche Wälder führt diese Wanderung zu einem Aussichtsturm, zu einem artesischen Brunnen und durch das Tal des Klein Briesener Bachs.

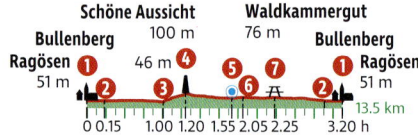

Ausgangspunkt: Ragösen, 51 m; Bus 581 ab Bhf. Brandenburg oder Bad Belzig bis Hst. Ragösen, Feuerwehr; Navi: 14806 Bad Belzig Ortsteil Ragösen, Briesener Straße.
Anforderungen: Breite Waldwege; teilweise schmale Pfade.
Einkehr: Unterwegs keine.
Karten: Hoher Fläming, Bad Belzig, Beelitz und Umgebung, 1:50.000 (BAR); Naturpark Hoher Fläming, 1:50.000 (LGB).

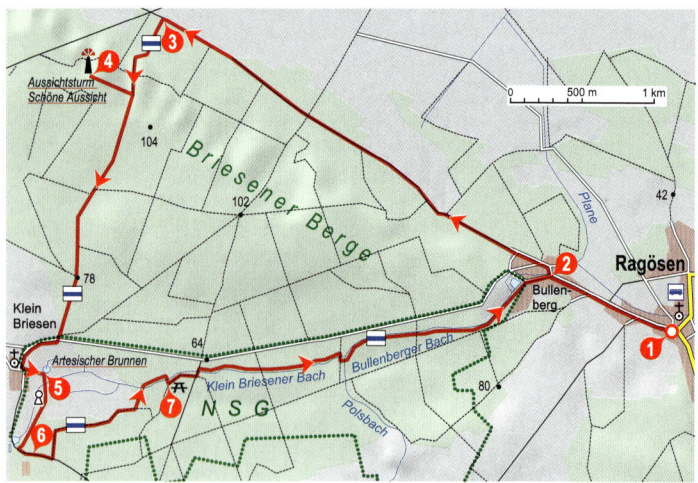

Wir beginnen unsere Wanderung bei der Kirche von **Ragösen** ❶. Die Wegweiser des Burgenwanderweges zeigen uns den Weg. Zunächst gehen wir auf der Briesener Straße nach **Bullenberg** ❷. Hier biegt der Burgenwanderweg links ab, wir aber gehen auf der Hauptstraße geradeaus weiter in den Wald. Schon nach kurzer Zeit kommen wir wieder an den Waldrand, an dem entlang wir nun eine Stunde lang wandern. Aber wir müssen aufpassen, um nicht unsere Abzweigung zu verpassen. Kurz vor der nächsten großen **Wegkreuzung** ❸ beginnt links ein mit blauem Strich markierter Pfad, der in die Briesener Berge hinaufführt. Dieser Markierung folgen wir jetzt bis zum Ende der Wanderung. Oben angekommen können wir rechts einen kleinen Abstecher zum **Aussichtsturm »Schöne Aussicht«** ❹ machen, der einen weiten Blick über das Planetal gewährt, das ein Teil des Baruther Urstromtales ist. Über die Havelniederung kann man bis nach Brandenburg schauen.

Nachdem wir uns umgesehen haben, kehren wir zum markierten Wanderweg zurück und wenden uns nach rechts. Nach 20 Min. verlassen wir den Wald, gehen auf der Landstraße 200 m nach rechts und biegen nach Klein Briesen ab. Ungefähr in Höhe der kleinen Fachwerkkirche mit weitgehend originaler Innenausstattung von 1692 geht links ein Fußweg ab, der in wenigen Minuten zum **Artesischen Brunnen** ❺ am Klein Briesener Bach

Artesischer Brunnen.

Beim Artesischen Brunnen.

führt. Aus dieser künstlich gebohrten Quelle sprudelt das Wasser durch natürlichen Druck hervor. Auf einem Steg queren wir der Blaustrich-Markierung folgend den Bach und kommen an den Resten des Thümen'schen Erbbegräbnisses vorbei zum im Wald gelegenen ehemaligen **Restaurant Waldkammergut** ❻, bis 1989 das Sommerhaus des letzten Innenministers der DDR. Anschließend war es Hotel und steht heute leer.

Die Blaustrich-Markierung des Burgenwanderwegs weist uns nun den Weg über den Parkplatz in den Wald. Bald erreichen wir wieder den Klein Briesener Bach. Auf einer Holzbrücke wechseln wir das Ufer und wandern auf schmalem Weg durch den Auwald. An der nächsten Brücke gelangen wir wieder an das Südufer des Baches. Hier befindet sich ein **Rastplatz** ❼, und wenige Meter weiter entdecken wir einen wappengeschmückten Grenzstein, der bis 1815 den Grenzverlauf zwischen Sachsen und Brandenburg markierte. Bei der nächsten Forststraße wechseln wir ans nördliche Ufer und gehen immer am teilweise stark mäandrierenden Bach entlang. Links befindet sich ein Findlingsgarten, der über die Herkunft der verschiedenen in Brandenburg zu findenden Findlingssteine informiert. Durch Auwald wandern wir weiter und wechseln bei der nächsten Forststraße noch einmal das Ufer. Hier ändert sich auch der Name des Baches. Kurzzeitig führt der Weg nun etwas oberhalb des Bullenberger Baches weiter. Die letzten Minuten gehen wir dann wieder unmittelbar am Bach entlang und erreichen nach einer Viertelstunde an einer ehemaligen Wassermühle die ersten Häuser von **Bullenberg** ❷. Den weiteren Verlauf des Wegs nach **Ragösen** ❶ zurück kennen wir bereits.

↗ 100 m | ↘ 80 m | 14.4 km

Von Ragösen zur Springbachmühle und nach Bad Belzig

3.40 h · 25

Streckenwanderung am Rand des Hohen Flämings

Der Hohe Fläming ist eine Hochfläche, die karge Böden aufweist und von Wasserarmut gekennzeichnet ist. Trotzdem gibt es einige Quellen, die glasklare Bäche speisen. Der am Ostrand des Höhenzuges verlaufende, abwechslungsreiche Wanderweg bietet einige schöne Ausblicke. Im zweiten Teil kommt man an mehreren Mühlen vorbei.

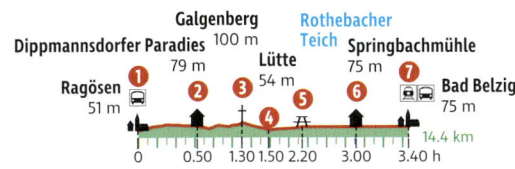

Ausgangspunkt: Ragösen, 51 m; Bus 581 ab Bhf. Brandenburg oder Bad Belzig bis Hst. Ragösen, Feuerwehr; Navi: 14806 Bad Belzig Ortsteil Ragösen, Briesener Straße.
Endpunkt: Bad Belzig, 75 m, Busbahnhof; Rückfahrt mit Bus 581.
Anforderungen: Breite Waldwege; zwei kurze, steile Anstiege.
Einkehr: Gasthöfe Springbachmühle, Dippmannsdorfer Paradies und in Bad Belzig.
Karten: Hoher Fläming, Bad Belzig, Beelitz und Umgebung, 1:50.000 (BAR); Naturpark Hoher Fläming, 1:50.000 (LGB).

Springbachmühle.

Steinmännchen am Wanderweg bei Lütte.

Bei der Feuerwehr der Ortschaft **Ragösen** ❶ biegt der gut markierte und ausgeschilderte Burgenwanderweg von der Hauptstraße ab, steigt sofort an und führt immer im Wald oberhalb des Planetals nach Süden.
Der Kindererlebnisweg, auf dem unser Weg nach einiger Zeit entlangführt, macht mit seinen Spielobjekten die Wanderung für Kinder besonders kurzweilig.
Dann geht es wieder abwärts; vor den ersten Häusern von Dippmannsdorf passieren wir das Gasthaus **Dippmannsdorfer Paradies** ❷. Ungefähr 50 Quellen sprudeln hier aus den steilen Hängen. Im Ort gehen wir an der Kirche vorbei und wieder hinauf in den Wald. Nach etwa einer Stunde erhebt sich rechts des Weges ein mit Sträuchern bewachsener Sandhügel, der **Galgenberg** ❸. Von seinem Gipfel kann man auf die gegenüberliegende Hochfläche der Zauche blicken. Der Wanderweg biegt nach 200 m rechts ab; kurz darauf geht es links weiter und wir gelangen zu einem großen Feld. Hier treffen wir auf einen Feldweg, der in Richtung Südosten verläuft und uns nach etwa 500 m an den Ortsrand von **Lütte** ❹ hinunterführt, das am Rand des Planetals liegt.
Wir gehen durch den Ort zur B 102 und gehen auf der Bundesstraße rechts aus dem Ort hinaus bis zum Rothebacher Weg, der uns wieder in den Wald hineinbringt. Die Markierung ist immer noch das Zeichen für den Burgenwanderweg. Nach einer Viertelstunde biegen wir rechts zum **Rothebacher Teich** ❺ ab, wo wir an einem großen, überdachten Rastplatz eine Pause einlegen können. Nach 100 m erreichen wir dann die Zufahrtsstraße nach

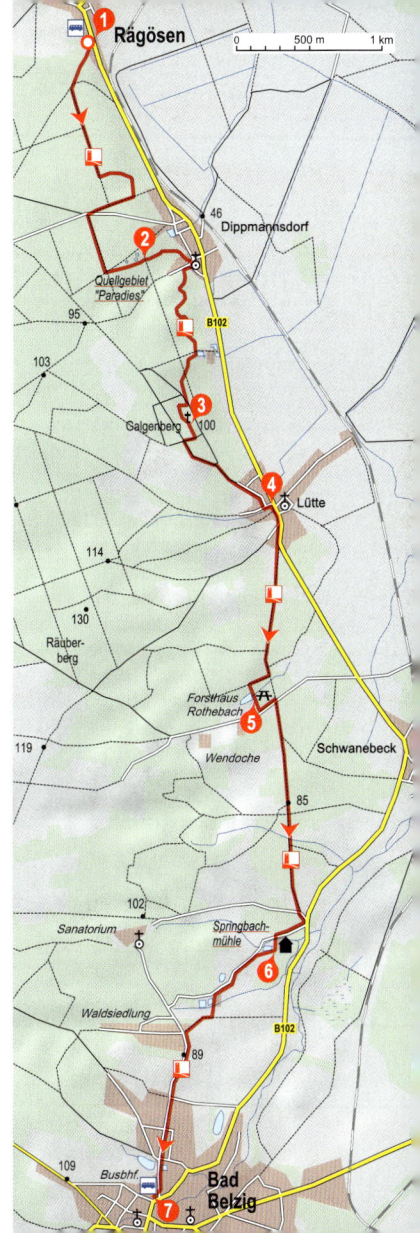

Wendoche. Auf ihr gehen wir ein paar Minuten links und setzen dann unsere Wanderung rechts auf einem breiten Waldweg fort. Nach 25 Min. erreichen wir die B 102, nehmen aber die hier rechts in den Wald führende asphaltierte Straße, die uns vorbei an Ölschlägers Mühle zur restaurierten **Springbachmühle** ❻ bringt, in der heute ein Hotel untergebracht ist. Ein gepflasterter Feldweg leitet uns über Wiesen und vorbei an der Ruine der Obermühle zur Waldsiedlung.

Auf der Rosa-Luxemburg-Straße gehen wir nun immer geradeaus in den mittelalterlichen Stadtkern von Bad Belzig. Das Stadtbild wird von der Burg Eisenhardt aus dem 12./13. Jahrhundert beherrscht. Vom Bergfried hat man eine schöne Aussicht auf Burganlage, Stadt und Umgebung. Eine Sächsische Postmeilensäule vor der Burg erinnert daran, dass die Gegend um Bad Belzig bis 1815 zu Sachsen gehörte. Sehenswert ist die Marienkirche aus dem 13. Jahrhundert. Am Ortseingang liegt linker Hand die Steintherme mit heißen Quellen, denen der Ort seinen im Dezember 2009 erworbenen Status als Kurbad verdankt.

Nachdem wir am Freibad vorbeigewandert sind, treffen wir auf den Busbahnhof von **Bad Belzig** ❼.
Von hier aus fahren Busse zurück nach Ragösen. Zum Bahnhof gelangt man, indem man am Marktplatz vorbei und links hinunter zur Bahnhofstraße geht. Anschließend zweigt links die Bahnhofsgasse ab und führt über Stufen zum hoch gelegenen Bahnhof hinauf.

> ↗ 130 m | ↘ 130 m | 12.6 km
> 3.15 h

26 Von Bad Belzig auf den Hagelberg

Höchste Erhebung des Hohen Flämings

Eine schöne Waldwanderung führt auf den Hagelberg, mit 200 m die höchste Erhebung des Hohen Flämings und dritthöchster Berg Brandenburgs. Zusammen mit dem gleichnamigen Ort ist er durch die sogenannte Kolbenschlacht am 27.8.1813 bekannt geworden, in der preußische Soldaten und russische Kosaken im Vorfeld der Völkerschlacht bei Leipzig ein französisches Korps von 10.000 Soldaten bis auf 3000 Mann vernichteten.

Ausgangspunkt: Bad Belzig, 97 m, Marktplatz; vom Bahnhof 10 Min. Fußweg; Navi: 14806 Bad Belzig, Marktplatz 1.
Anforderungen: Breite Waldwege.
Einkehr: Unterwegs keine; Gaststätten in Bad Belzig.
Karten: Hoher Fläming, Bad Belzig, Beelitz und Umgebung, 1:50.000 (BAR); Naturpark Hoher Fläming, 1:50.000 (LGB).

Tipps: Bad Belzig: Burg Eisenhardt aus dem 12./13. Jh., Museum/Burg Tel. +49 33841 42461, www.burgeisenhardt.de; Sächsische Postmeilensäule; Marienkirche aus dem 13. Jh.; Steintherme; Altes Hagelbergdenkmal (1849); über den Kunstwanderweg von Bad Belzig nach Wiesenburg, www.kunst-land-hoher-flaeming.de.

Wir beginnen unsere Tour am Marktplatz der märkischen Kleinstadt **Bad Belzig** ❶ und gehen auf der Wiesenburger Straße zur Stadt hinaus. An einer kleinen Brücke gehen wir links weiter, überqueren die B 246 und erreichen den Beginn des markierten Rundwanderwegs Nr. 11, auf dem unsere Route bis zum Ziel verläuft. Bis Hagelberg ist er auch mit der Nordroute des Kunstwanderwegs identisch. Der Wanderer kommt an mehreren land-

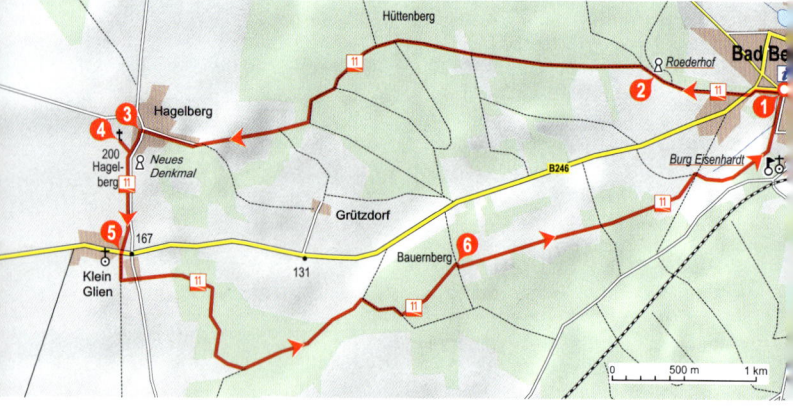

schaftsbezogenen Kunstwerken vorbei, die im Rahmen eines Wettbewerbs 2007 aufgestellt wurden. Zunächst geht es durch lichten Laubwald. Nach wenigen Minuten erinnert eine Gedenkstätte an ein Außenlager des Konzentrationslagers Ravensbrück. Von August 1944 bis Kriegsende wurden hier in der Munitionsfabrik **Roederhof** ❷ KZ-Häftlinge und Zwangsarbeiter eingesetzt. Der Weg führt leicht ansteigend durch Laubwald; dabei passieren wir die ersten Kunstwerke.

Burg Eisenhardt in Bad Belzig.

Nach 20 Min. befindet sich links etwas abseits des Weges eine Unterstandshütte. Eine Hinweistafel erinnert an ein Gemetzel, das während der Befreiungskriege am 27. August 1813 hier stattfand. Nach etwa 4 km verlässt unser Weg den Wald. An einer zweiten Unterstandshütte haben wir über die Skulptur »Die Jagd« hinweg einen schönen Ausblick auf die bewaldeten Höhen des Hohen Flämings. Wenige Minuten später kommen wir an der Skulptur »Steinschlange« vorbei und erreichen die Ortschaft **Hagelberg** ❸. An der Hauptstraße halten wir uns links und biegen nach wenigen Metern rechts ab. Am kleinen Friedhof vorbei gelangen wir in kurzer Zeit zum Gipfelkreuz auf dem **Hagelberg** ❹. Nun stehen wir auf der höchsten Erhebung des Hohen Flämings und haben eine schöne Aussicht in Richtung Süden auf die bewaldete Umgebung. Auch hier steht eine Informationstafel, die das Kriegsgeschehen 1813 erläutert.

Zurück an der Straße gehen wir rechts ein Stück bergab. Hinter den letzten Häusern befindet sich links etwas abseits der Straße das Neue Hagelberg-Denkmal; auch von hier hat man eine schöne Aussicht. Nun geht es auf einem Pfad neben der Straße weiter bergab und dann rechts durch den ehemaligen Gutspark von **Klein Glien** ❺. Wir queren die B 246, gehen geradeaus unter alten Bäumen auf einer Allee und biegen nach wenigen Minuten links ab. Nachdem wir die Straße nach Borne gekreuzt haben, kommen wir wieder in den Wald. Auf dem Rundwanderweg Nr. 11 erreichen wir am **Bauernberg** ❻ die Südroute des Kunstwanderwegs, dessen Objekte uns nun bis Bad Belzig begleiten. Zum Schluss führt der Weg entlang des Belziger Baches und durch Wiesen mit Blick auf die schon von Weitem sichtbare Burg. An ihr vorbei gelangen wir zum Marktplatz von **Bad Belzig** ❶ zurück.

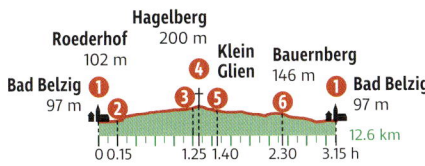

↗ 40 m | ↘ 40 m | 11.4 km

27 Von Wiesenburg über Reetzerhütten zur Alten Hölle

2.40 h

Rundwanderung im Hohen Fläming

In den Wäldern um Wiesenburg standen früher zahlreiche Teeröfen und Holzmeiler. Im 19. Jahrhundert wurde hier angeblich das reinste Wachs Deutschlands hergestellt. Das ausgedehnte Waldgebiet bietet viele Wandermöglichkeiten; eine führt zum ehemaligen Forsthaus Alte Hölle, das heute einen Gasthof mit Hotel beherbergt.

Ausgangspunkt: Wiesenburg, 150 m, Bahnhof; Navi: 14827 Wiesenburg, Am Bahnhof 37.
Anforderungen: Breite Waldwege.
Einkehr: Gaststätten in Wiesenburg; Gasthof Alte Hölle,

Karten: Hoher Fläming, Bad Belzig, Beelitz und Umgebung, 1:50.000 (BAR); Naturpark Hoher Fläming, 1:50.000 (LGB).
Tipp: Kerzenfabrik Reetzerhütten, Tel. +49 33849 50366, www.buchal-kerzen.de.

Nachdem wir den Bahnhof in **Wiesenburg** ❶ verlassen haben, gehen wir links zum Bahnübergang. Wir queren jedoch nicht die Gleise, sondern laufen auf dem Rundwanderweg Nr. 72, dem wir bis zum Ende der Wanderung folgen, geradeaus an den Gleisen entlang weiter. Auf historischem Feldsteinpflaster, von alten Eichen gesäumt, gelangen wir zur Kerzenfabrik, einer der letzten in Deutschland, die noch per Hand Altarkerzen herstellt. Nach 10 Min. haben wir **Reetzerhütten** ❷ erreicht und biegen rechts ab.

Durch einen Hohlweg und schöne Buchenwälder erreichen wir nach 20 Min. den **Gasthof Alte Hölle** ❸, wo wir unter alten Bäumen eine Rast einlegen können. Das Gasthaus wurde 1756 als Oberförsterei errichtet. Ende April 1945 befand sich hier der Gefechtsstand von General Wenck, der den Auftrag hatte, mit seiner Armee die Reichshauptstadt Berlin zu befreien, wozu es bekanntlich nicht mehr kam.

Der Rundwanderweg Nr. 72 leitet uns nun an einem Wildschweinegehege vorbei nach Neuehütten, das wir am Waldrand umgehen. Dann queren wir die B 107 und wandern durch Wald nach **Wiesenburg** ❹. Das Schloss mit seinem hohen Turm ist schon von Weitem sichtbar. Von ihm aus hat man eine schöne Aussicht über die Umgebung. Bergfried, Torhaus und die Reste der später überbauten Ringmauer stammen noch von der ersten Anlage, die im 12. Jahrhundert erbaut wurde und 1547 abbrannte. Übriggebliebene Reste wurden zu einem Renaissanceschloss umgebaut. Nach neuerlichen Zerstörungen und Umbauten erhielt das Schloss im 19. Jahrhundert sein heutiges Aussehen im Stil der Neorenaissance. 2003 wurde es umfassend saniert und zu einer exklusiven Wohn- und Büroanlage umgewandelt. Nachdem wir uns umgeschaut haben, spazieren wir durch den ausgedehnten, von langen Sichtschneiden durchzogenen Schlosspark. Er wurde im 19. Jahrhundert anstelle eines Wildgeheges angelegt und besitzt zahlreiche ausländische Gehölze, künstlich angelegte Teiche und Grotten. Nach einer halben Stunde erreichen wir schließlich wieder unseren Ausgangspunkt, den Bahnhof in **Wiesenburg** ❶.

Schloss Wiesenburg.

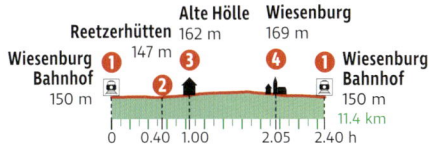

28 Burg Rabenstein

↗ 140 m | ↘ 140 m | 14.4 km
3.40 h

Auf dem Bergmolchwanderweg durch das Planetal

Durch den Lebensraum einer der seltensten Amphibien Brandenburgs führt uns dieser Wanderweg im Hohen Fläming. Der stark gefährdete Bergmolch (Ichthyosaura alpestris) ist eigentlich ein typischer Bewohner gewässerreicher Wälder der Mittelgebirge und lebt hier an seiner nordöstlichsten Verbreitungsgrenze. Nur während der Paarungszeit im zeitigen Frühjahr haben die Männchen eine blaue Rückenfärbung, dann kann man das Tier mit Glück an der Alten Badeanstalt bei Raben entdecken. Auch für den Bergmolch wurde das Planetal zum Naturschutzgebiet ausgewiesen.

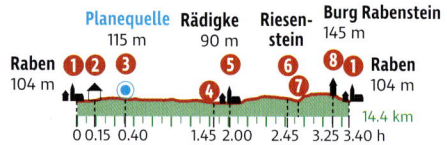

Ausgangspunkt: Raben, 104 m, Naturparkzentrum Hoher Fläming; Bus 572 ab Bhf. Bad Belzig bis Hst. Raben; Navi: 14823 Rabenstein, Brennereiweg.
Anforderungen: Wald- und Wiesenwege.
Einkehr: In Raben und Rädigke; Gasthaus auf der Burg Rabenstein.

Karte: Hoher Fläming, Belzig, Beelitz und Umgebung, 1:50.000 (BAR); Naturpark Hoher Fläming, 1:50.000 (LGB).
Tipp: Burg Rabenstein, Tel. +49 33848 60221; www.burgrabenstein.de; Fläming-Falknerei, Tel. +49 160 2261573, www.flaemingfalknerei.de.

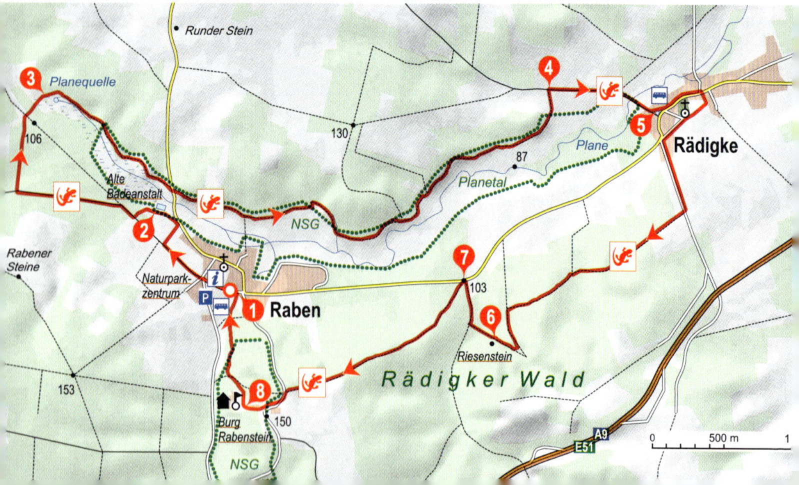

Vom Naturparkzentrum des Naturparks Hoher Fläming in **Raben** ❶, das in der Alten Brennerei untergebracht ist, folgen wir der Markierung des Bergmolchwanderwegs, der durchgehend mit einem stilisierten Bergmolch gekennzeichnet ist, nach Westen und gehen auf einem asphaltierten Radweg aus dem Ort hinaus. Nach 10 Min. halten wir uns rechts und gehen zur nahen Landstraße, biegen aber unmittelbar vorher links ab und wandern an einem Acker entlang zur **Alten Badeanstalt** ❷. Das ehemalige Schwimmbecken ist im Jahr 2008 in einen naturnahen Zustand zurückgeführt worden. Im Frühling kann man hier die besonders bei Regenwetter paarungswilligen Bergmolche, aber auch Kamm- und Teichmolche beobachten. Ein überdachter Rastplatz bietet dem Wanderer Schutz.

Am Rastplatz bei Rädigke kann man einen Ausspruch von Adalbert von Chamisso lesen.

Nachdem wir uns umgesehen haben, treffen wir wieder auf den uns schon bekannten Radweg. Nach 100 m biegen wir an einer Gabelung links ab und gehen im Wald weiter nach Westen. Nach einer Viertelstunde biegen wir mit der Markierung rechts ab, überqueren nach 500 m einen Waldweg und gelangen zur **Planequelle** ❸. Wir gehen durch eine Feuchtwiese, in der mehrere Quellen zu Tage treten. Sie speisen die Plane, einen der ökologisch wertvollsten Bäche Brandenburgs. Auf der gegenüberliegenden Talseite geht es unter alten Bäumen bachabwärts zu einer Landstraße, die wir queren müssen. Nun wandern wir in einer Dreiviertelstunde nördlich an Raben vorbei und gelangen schließlich an einen **Feldweg** ❹, wo wir rechts abbiegen. Nach kurzer Zeit überqueren wir die Plane und erreichen **Rädigke** ❺. Am Mufflongehege vorbei gehen wir links auf der Hauptstraße durch den Ort und biegen schon nach 350 m zwei Mal kurz hintereinander rechts ab. Nachdem wir die Dorfkirche passiert haben, biegen wir links in die Bergstraße ein und verlassen den Ort am Campingplatz vorbei. Leicht ansteigend gehen wir zu einem Wegweiser, wo wir uns rechts halten. Zunächst wandern wir mit der Markierung des Bergmolchwanderwegs an einem Feld entlang und kommen dann wieder in den Wald. Auf abwechslungsreichem Weg erreichen wir nach 20 Min. den **Riesenstein** ❻, einen großen Findling, der in der letzten Eiszeit vom Gletscher hierher verfrachtet worden ist. Von hier aus sind es nur wenige Minuten, bis wir die **Landstraße** ❼ von Rädigke nach Raben erreichen. Hier biegen wir aber gleich wieder links ab und steigen im Wald an. Nach einer Viertelstunde kommen wir oben an ein großes Feld, wo es rechts entlang des Waldrandes zu einer kleinen Schotterstraße geht. Auf dieser gelangen wir links an einer Falknerei vorbei in wenigen Minuten zur **Burg Rabenstein** ❽, die in strategisch günstiger Lage auf dem 153 m hohen Steilen Hagen steht. Die gut erhaltene Burganlage aus dem 13. Jahrhundert sollte die ehemalige Straße von Wittenberg nach Belzig sichern, die hier die Plane überquert. Nach Zerstörungen Ende des 14. Jahrhunderts wurde sie wiederhergestellt und dann im Dreißigjährigen Krieg von schwedischen Truppen überfallen und geplündert. Im 19. Jahrhundert war sie verlassen und wurde baufällig. Nach einer gründlichen Sanierung um 1935 diente sie als Forstschule und später als Jugendherberge. Heute befindet sich darin ein beliebtes Ausflugsrestaurant mit Pension. Durch das Torhaus gelangt man in den Burghof. Er ist vom Bergfried, dem Haupthaus und Wirtschaftsgebäuden vollständig umschlossen. Das Stallgebäude, dessen Kern aus dem 13. Jahrhundert stammen soll, wird heute »Rittersaal« genannt. Der Bergfried kann besichtigt werden. In ihm befinden sich eine Kapelle aus dem 18. Jahrhundert und die Folterkammer. Von seiner Aussichtsplattform hat man einen umfassenden Blick über die waldreiche Umgebung. In der Vorburg fallen die um 1800 erbaute Scheune und das Backhaus auf. Mehrmals diente die Burg als Filmkulisse.

Nachdem wir uns auch hier umgesehen haben, steigen wir auf einem Treppenweg am alten Brunnen vorbei direkt nach Raben hinunter. Nach einer Viertelstunde erreichen wir wieder das Naturparkzentrum in **Raben** ❶.

Innenhof der Burg Rabenstein.

↗ 60 m | ↘ 60 m | 14.9 km

3.40 h

🚌✕👥

Im Königswald 29

Von Kladow zur Sacrower Heilandskirche und zum Königswall

Die Gegend zwischen Berlin und Potsdam wurde von den preußischen Königen zur Potsdamer Parklandschaft ausgebaut. Zahlreiche Schlossgärten empfangen jährlich viele Touristen. Der Park von Schloss Sacrow, das zusammen mit der Heilandskirche malerisch am Havelufer liegt, ist Ziel eines Wanderwegs, der im Berliner Ortsteil Kladow beginnt und an mehreren Seen entlangführt. Dabei besucht man auch die Reste einer bronzezeitlichen Wehrsiedlung.

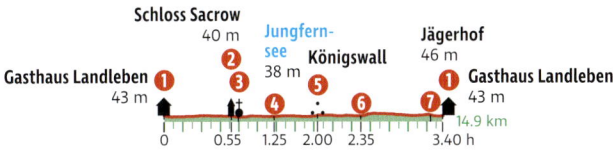

Ausgangspunkt: Gasthaus Landleben, 43 m; Bus 234 ab Alt-Kladow bis Hst. Krampnitzer Weg/Selbitzer Straße; Navi: 14476 Potsdam, Seepromenade 99.
Anforderungen: Breite Waldwege.
Einkehr: Gasthaus Landleben; Gasthäuser in Sacrow.

Karten: Potsdamer Havelseen, Blütenstadt Werder und Umgebung, 1:35.000 (BAR).
Tipp: Schloss Sacrow, Tel. +49 331 60149877, www.spsg.de/; Heilandskirche, Tel. +49 331 293170, www.heilandskirche-sacrow.de.

Wer mit öffentlichen Verkehrsmitteln anreist, geht von der Bushaltestelle auf dem Krampnitzer Weg bis zur Stadtgrenze vor, überquert den ehemaligen Mauerstreifen und gelangt zu einigen Kleingärten. Im anschließenden Wald hält man sich links und erreicht ein gepflastertes Sträßchen, das nach links zum **Gasthaus Landleben** ❶ am Sacrower See leitet.
Wir gehen zum kleinen Badestrand hinunter und wandern auf dem mit grünem Strich markierten Weg, der nach links dem Seeufer folgt. Nun befinden wir uns in einem Naturschutzgebiet. Vorbei an recht steilen Moränenhängen und fast immer in Sichtweite zum See erreichen wir die Ortschaft Sacrow. Über den Weinmeisterweg gehen wir rechts in die Krampnitzer Straße. Nach etwa 200 m betreten wir den im 18. Jahrhundert von P. J. Lenné gestalteten Schlosspark mit **Schloss Sacrow** ❷. Die ganze Anlage lag bis 1990 im Grenzgebiet zwischen West-Berlin und der DDR und ist in den letzten Jahren restauriert worden. Von der Terrasse des Schlosses schweift der Blick zum Jägerhof und zur »Großen Neugierde« im Schlosspark Klein Glienicke, zum Flatowturm im Schlosspark Babelsberg und über die Silhouette des Potsdamer Zentrums. Unmittelbar westlich

des Schlosses befindet sich eine 1000-jährige Eiche, die selbst nach mehreren Astabbrüchen noch imposant ist. Nach wenigen Minuten haben wir die **Heilandskirche** ❸ erreicht, die wie ein Schiff unmittelbar am Havelufer liegt. Sie wurde 1844 von Ludwig Persius im Stil der italienischen Renaissance erbaut; vom Glockenturm gelang 1897 die erste Übertragung eines Funksignals zum gegenüberliegenden Ufer des Jungfernsees. Ab 1961 stand auf diesem Uferabschnitt die Berliner Mauer. Die Kirche lag im Niemandsland und konnte nur noch von DDR-Grenztruppen betreten werden. In dieser Zeit wurde sie schwer beschädigt und verfiel. Erst nach dem Fall der Mauer konnte sie umfassend restauriert werden. An den Außenwänden kann man viele Einritzungen von Besuchern aus der frühen Nachkriegszeit finden.

Nun gehen wir am Ufer des Jungfernsees, der eine lang gezogene Bucht der Havel ist, in westlicher Richtung weiter, kommen an der sogenannten Römischen Bank, einem halbkreisförmigen Sitzplatz, vorbei und verlassen den Schlosspark. Wir nehmen den linken Weg, der später mit einem gelben Strich markiert ist, und wandern auf dem inzwischen dicht bewachsenen ehemaligen Grenzstreifen weiter. Nach einem Kilometer kann man links zum nahen Ufer des **Jungfernsees** ❹ gehen und die Aussicht auf das

Die Sacrower Heilandskirche am Ufer der Havel.

Potsdamer Ufer genießen. Gegenüber erkennt man einen Wachturm; hier befand sich der Grenzübergang für den Schiffsverkehr. Weiter links ist die Dampf-Pumpstation, die früher die Fontänen im Park von Schloss Cecilienhof antrieb, zu sehen, rechts die 1842 von Ludwig Persius erbaute Villa Jacobs. Sie war die erste Turmvilla im italienischen Stil in Potsdam und übte großen Einfluss auf nachfolgende Bauten aus. Wir gehen am Ufer des Jungfernsees weiter und erreichen nach kurzem, steilem Anstieg den etwas exponiert liegenden **Königswall** ❺, in manchen Karten auch Römerschanze genannt, eine 18 m über dem See gelegene bronzezeitliche (etwa 1250 v. Chr.) Befestigungsanlage, die vom 8. bis 10. Jahrhundert n. Chr. von Slawen erneut besiedelt war. Man kann noch sehr gut die Wallanlage zwischen den Bäumen erkennen. Anschließend fällt der Weg steil zum Seeufer ab. Hier ändert der Jungfernsee seinen Namen und heißt nun Lehnitzsee. Die Gelbstrich-Markierung führt uns zu der Landstraße, die von Sacrow nach Neu Fahrland führt und der wir 500 m folgen müssen.

Bei einer Badewiese biegt ein mit Gelbstrich markierter Waldweg links ab und verläuft am Ufer des Lehnitzsees entlang. Dieser ändert nun schon wieder seinen Namen und heißt jetzt Krampnitzsee. Am **Waldrand** ❻ biegt unser Weg rechts ab und führt in Sichtweite einer Pferdekoppel zu der Landstraße zurück. Auf ihr gehen wir 100 m nach links und nehmen eine Forststraße, die rechts abzweigt und mit einem roten Strich markiert ist. Auf ihr wandern wir nun durch den Königswald und biegen nach 20 Min. rechts ab. Nach weiteren 20 Min. halten wir uns an einer Gabelung links; wir sind nun wieder in der Nähe des Sacrower Sees.

Nach 10 Min. kommen wir an der Zufahrt zum ehemaligen **Jägerhof** ❼ vorbei, der 1906 für einen Schwager Wilhelms II. erbaut worden war. Heute befindet sich darin das Institut für Binnenfischerei. Ab hier folgen wir einer Grünstrich-Markierung am Seeufer entlang und erreichen kurz darauf wieder das **Gasthaus Landleben** ❶.

↗ 90 m | ↘ 90 m | 12.5 km

30 Von Wannsee nach Babelsberg

3.15 h

Wanderung am südlichen Berliner Stadtrand

Die Landschaft zwischen Berlin und Potsdam wurde von den preußischen Königen zur Potsdamer Parklandschaft ausgebaut. In dieses Gartenreich sind mehrere Schlösser und Parkanlagen eingebettet. Von Wannsee führt ein Wanderweg immer entlang der Berliner Stadtgrenze zunächst durch den Düppeler Forst, dann an Schloss Glienicke vorbei und durch den Park von Schloss Babelsberg nach Potsdam.

Ausgangspunkt: S-Bhf. Wannsee, 39 m; Navi: 14109 Berlin, Potsdamer Chaussee.
Endpunkt: Potsdam Hbf., 35 m; Rückfahrt mit der S-Bahn.
Anforderungen: Wald- und Parkwege.
Einkehr: Gaststätten in Wannsee, Klein Glienicke und Babelsberg.

Karten: Potsdamer Havelseen, Blütenstadt Werder und Umgebung, 1:35.000 (BAR); Havelseengebiet, 1:50.000 (LGB).
Tipp: Schloss Babelsberg, Tel. +49 331 9694200, www.spsg.de; Schloss Glienicke, Tel. +49 30 484810, www.sfbb.berlin-brandenburg.de.

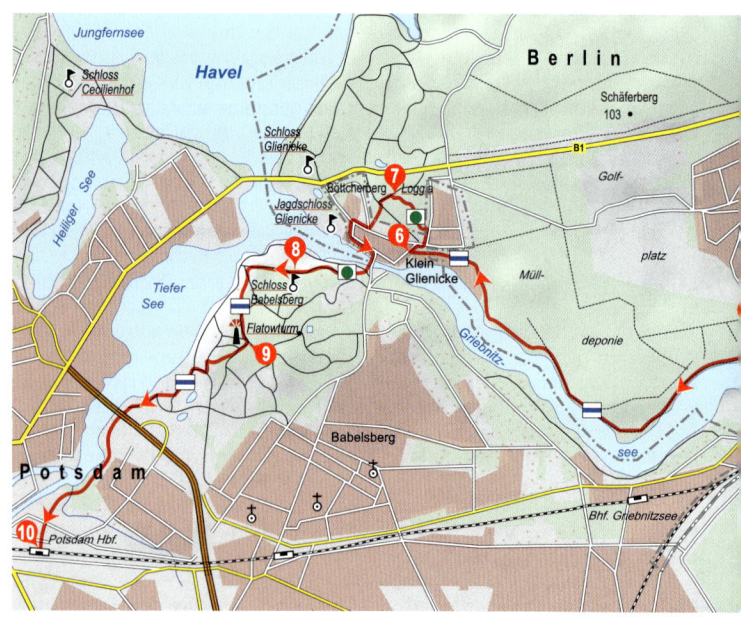

Die Gerichtslaube im Schlosspark Babelsberg stand bis 1860 in Berlin und musste dem Neubau des Roten Rathauses weichen.

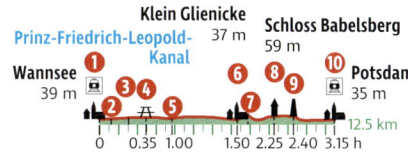

Wir verlassen den S-Bahnhof **Wannsee** ❶ durch den schmalen Fußgängertunnel, der uns in den Ortsteil Nikolassee führt. Gleich hinter dem Bahnhof gehen wir rechts bis ans Ende der kleinen Sackstraße. Dort treffen wir auf einen Fußweg, der uns entlang der Bahngleise zur Potsdamer Chaussee leitet. Nachdem wir diese Straße überquert haben, betreten wir an der gegenüberliegenden Straßenseite über eine Treppe den Düppeler Forst. Der Wanderweg ist nun, anfangs leider lückenhaft, mit einem blauen Strich markiert. Nach wenigen Minuten biegen wir an der Revierförsterei Dreilinden mit einer Waldschule rechts ab. Ungefähr am gleichen Platz stand bis 1954 das Jagdschloss Dreilinden des Prinzen Friedrich Karl. Kurz darauf kommen wir zum

Stahnsdorfer Damm ❷. Wer möchte, kann einen Abstecher von wenigen Minuten zum Benschgrab machen, das hinter der Revierförsterei im Wald gelegen ist; Friedrich Bensch war Gutsbesitzer von Dreilinden und starb 1858. Dazu biegen wir links in den Stahnsdorfer Damm ein und betreten am Ende des Parkplatzes links den Wald. Hier führt ein Pfad nach rechts zu einem Wegweiser, der die Richtung zum Grab anzeigt.

Nachdem wir den Stahnsdorfer Damm überquert haben, passieren wir linker Hand einen Schießplatz, dessen Lärm wir schon längere Zeit hören konnten. Nach 800 m kommen wir zu einem Rastplatz und biegen nach wenigen Minuten **rechts ab** ❸. Bald sind wir weit genug in den Laubwald eingedrungen, um wieder Stille zu genießen. Ein **Rastplatz** ❹ an einer Quelle lädt zum Verweilen ein (Wasserspielplatz). Am Naturschutzgebiet Großes Fenn biegen wir mit der Blaustrich-Markierung rechts ab und unterqueren die Bahnlinie Berlin-Potsdam. Dicht dahinter geht es an einer Gabelung links zur Kohlhasenbrücker Straße (Busanschluss nach Wannsee). Geradeaus erreichen wir die letzten Häuser des Berliner Ortsteils Stölpchensee am **Prinz-Friedrich-Leopold-Kanal** ❺. Wir überqueren den Kanal und biegen links zur Griebnitzseepromenade ab. Hin und wieder kann man durch das Gebüsch auf den See und zu den Villen am gegenüberliegenden Ufer blicken, das zum Potsdamer Stadtteil Babelsberg gehört. Vor dem Zweiten Weltkrieg wohnten hier viele bekannte Schauspieler wie Marika Rökk oder Willy Fritsch. Während der Potsdamer Konferenz 1945 residierten Churchill, Stalin und Truman in diesem Stadtgebiet; hier wurde auch die Entscheidung zum Atombombenabwurf auf Hiroshima getroffen.

Nach 1 Std. erreichen wir den Potsdamer Stadtteil **Klein Glienicke** ❻. An der Wannseestraße biegen wir rechts ab und kurz danach noch einmal nach links in die Straße Am Böttcherberg. Wo von rechts die Tannenstraße mündet, halten wir uns links. Im Wald finden wir kurz darauf einen leider nicht mehr gut sichtbar mit grünem Punkt markierten Weg, der uns auf den Böttcherberg führt. Dieser ist Teil des Schlossparks Glienicke, den P. J. Lenné entworfen hat und der zusammen mit den Potsdamer Parks UNESCO-Weltkulturerbe ist.

Wir gehen ein Stück bergauf und dann links zur **Loggia Alexandra** ❼, einem Teepavillon von 1870. Von hier hat man einen schönen Blick zum Schloss Babelsberg hinüber. Bei der nächsten Weggabelung gehen wir dem grünen Punkt folgend links hinunter, bei der nächsten Gabelung dann wieder links, wenige Schritte danach rechts und gelangen zu den Häusern von Klein Glienicke, das von 1961 bis 1989 als Sperrgebiet nach Westberlin hineinragte und fast vollständig von der Mauer umgeben war.

Über Louis-Nathan-Allee und Wilhelm-Leuschner-Straße gelangen wir zum großen Tor des Jagdschlosses Glienicke aus dem 17. Jahrhundert, das sich auf Berliner Boden befindet. Vorbei an den sogenannten Schweizerhäusern, die 1886 für Bedienstete des nahe gelegenen Schlosses im alpenländischen Stil errichtet wurden, kommen wir zur Waldmüllerstraße. Hier gehen

Schweizerhaus in Klein Glienicke.

wir einige Schritte nach links und biegen dann in die Lankestraße ein, die uns zur Parkbrücke führt. Nach Überqueren des Teltowkanals stehen wir am Eingang zum Schlosspark Babelsberg. Schloss Babelsberg wurde 1849 von Schinkel im Stil der englischen Gotik errichtet, der Schlosspark von Fürst von Pückler-Muskau gestaltet.

Hier gibt es nun verschiedene Möglichkeiten: Wir nehmen den nach oben führenden Weg, der uns direkt zum **Schloss Babelsberg** ❽ bringt. Im weiteren Verlauf hat man schöne Ausblicke zur Glienicker Brücke und nach Potsdam. Vorbei an der Gerichtslaube und am **Flatowturm** ❾ verlassen wir schließlich den Park an der Südwestecke und unterqueren eine Schnellstraße. Auf Promenadenwegen, von denen man immer wieder Ausblicke auf die Havel hat, überqueren wir die Nuthe an deren Mündung in die Havel und erreichen kurz darauf den Hauptbahnhof von **Potsdam** ❿. Von hier bringt uns die S-Bahn wieder zum S-Bahnhof **Wannsee** ❶ zurück.

Nächste Seite: Schloss Babelsberg, Sommersitz von Kaiser Wilhelm I.

↗ 120 m | ↘ 120 m | 13.7 km

3.30 h — Über Kleinen und Großen Ravensberg nach Saarmund — 31

Eine Bergwanderung in Brandenburg

Der Kleine Ravensberg, 114 m, ist die höchste Erhebung im Potsdamer Stadtgebiet. Mit dem benachbarten, eigenartigerweise etwas niedrigeren Großen Ravensberg, 108 m, gehört er zum Saarmunder Endmoränenbogen, der in der Weichseleiszeit entstanden ist und der sich über 18 km vom Potsdamer Brauhausberg über den Telegrafenberg mit seinen sehenswerten alten Observatorien und dem berühmten Einsteinturm bis in die Nähe von Blankensee erstreckt. Eine empfehlenswerte Wanderung mit beeindruckenden Ausblicken führt über den Kamm dieser Hügelkette nach Saarmund im Nuthetal.

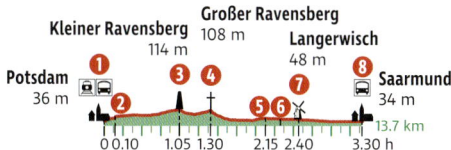

Ausgangspunkt: Potsdam Hbf., 36 m; Navi: 14473 Potsdam, Friedrich-Engels-Str. 101.
Endpunkt: Saarmund, 34 m; Rückfahrt mit Bus 611 nach Potsdam Hbf.
Anforderungen: Teilweise steile Waldwege.
Einkehr: Unterwegs keine; in Potsdam.
Karten: Potsdamer Havelseen, Blütenstadt Werder und Umgebung, 1:35.000 (BAR); Naturpark Nuthe-Nieplitz, 1:50.000 (LGB); Havelseengebiet, 1:50.000 (LGB).
Tipp: Waldhaus Großer Ravensberg, Tel. +49 331 2707687, www.waldhaus-potsdam.de.
Hinweis: Diese Wanderung kann mit den Touren 32–34 kombiniert werden.

Wir verlassen den Hauptbahnhof von **Potsdam** ❶ an der Südseite und überqueren den großen Bus- und Straßenbahnhof und die Heinrich-Mann-Allee. An der Kreuzung mit der Straße Brauhausberg und Albert-Einstein-Straße befindet sich ein großer Wanderwegweiser. Hier kreuzen sich die Europäischen Fernwanderwege E 10 und E 11. Wir folgen zunächst dem mit blauem Strich markierten E 10 und schlendern die Albert-Einstein-Straße hinauf, bis wir nach kurzer Zeit am Telegrafenberg den Waldrand erreichen. Auf dem Telegrafenberg stand im 19. Jahrhundert einer von 61 optischen Zeigertelegrafen, die mittels verstellbarer Signalarme eine schnelle Nachrichtenübermittlung zwischen Berlin und Koblenz ermöglichten.
Ein Fahrweg führt weiter in den Wald. Nach etwa 100 m zweigt ein mit grünem Strich markierter Wanderweg **rechts ab** ❷, der sich durch den Laubwald schlängelt. Links hinter dem Zaun befindet sich der Wissenschafts-

park Albert Einstein, zu dem u. a. der berühmte Einsteinturm von Erich Mendelsohn (Sonnenobservatorium, 1924), das Astrophysikalische Observatorium (1876), das Magnetische Observatorium (1888) und das Geodätisch-Astronomische Observatorium (1892) gehören (Besichtigung nur von außen). Nun müssen wir auf die Markierung achten, da der Wanderweg nicht immer die breiten Forstwege nutzt. Nach einiger Zeit erreichen wir an einem Rastplatz wieder die Blaustrich-Markierung. Der Weg führt nun durch die Kahlen Berge leicht bergan, zuletzt etwas steiler auf den **Kleinen Ravensberg** ❸, auf dessen Gipfel ein Feuerwachturm steht.

Nun geht es ein kurzes Stück steil bergab. Nach dem Überqueren einer Waldschneise und des Caputher Heuweges, einer alten Ortsverbindungsstraße, erwartet uns der nächste kurze Anstieg auf den **Großen Ravensberg** ❹, der aber mit 108 m kurioserweise niedriger ist als der Kleine. Auf seinem Gipfel liegt das Waldhaus des Wald-Jagd-Natur-Erlebnis e. V. Dieser »Lernort Natur« bietet vor allem Schulklassen die Möglichkeit, Kleintiergehege, eine Köhlerhütte und eine Gesteins- und Fossilienausstellung zu besichtigen. Wir gehen links am Waldhaus vorbei und passieren einen Aussichtspunkt, der uns einen Blick auf die südlichen Bereiche Berlins und Potsdams gewährt. Nach kurzem, steilem Abstieg leitet uns die Blaustrich-Markierung in einen Hohlweg und führt uns dann über Stufen zum idyllisch gelegenen Teufelssee hinunter. Wenige Minuten später verlassen wir den Wald. Links schweift der Blick über das Springbruch zum Potsdamer Stadtteil Bergholz-Rehbrücke.

Eine Bahnlinie wird überquert und nach 500 m zweigt unsere Blaustrich-Markierung rechts ab. Leicht ansteigend erreichen wir eine zweite Bahnlinie, die in einem Tunnel unterquert wird. Wir wandern nun durch den Kiefernhochwald der Bergholzer Heide. In Sichtweite der ersten Häuser von Wilhelmshorst zweigt die Markierung **links ab** ❺ und führt im Wald aufwärts. Wir erreichen eine Lichtung mit der Ortschaft **Tannenhof** ❻. Hier biegt der Weg rechts ab. Am Ortsende geht es geradeaus wieder in den Wald. Ein

Einsteinturm.

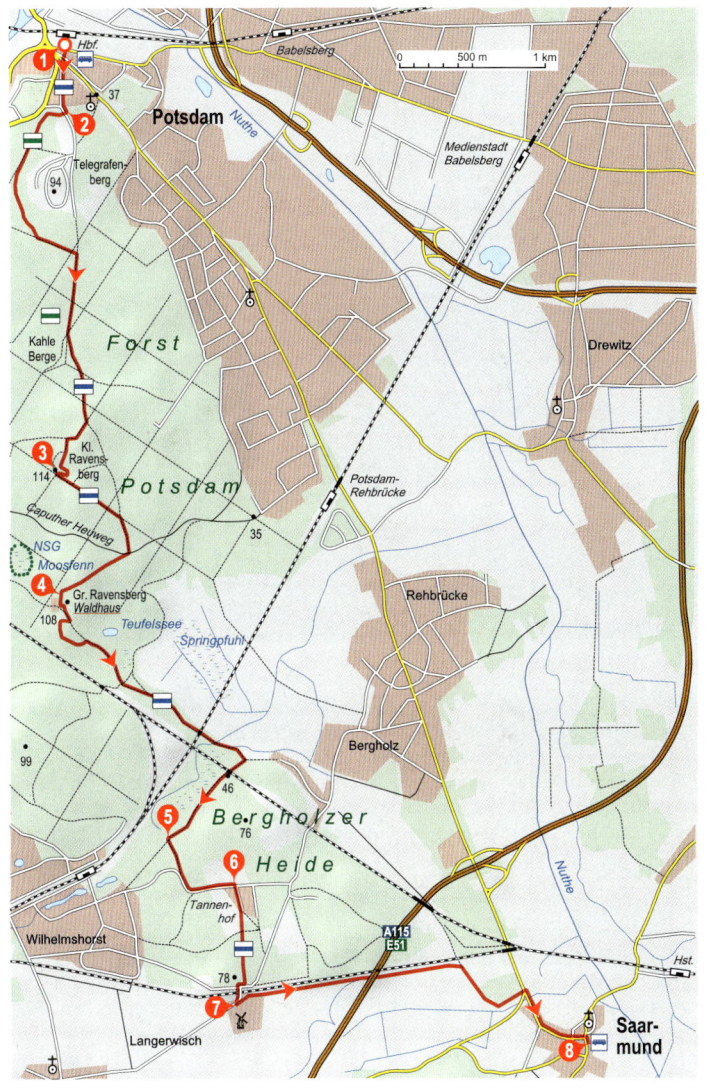

Windmühlen bei Langerwisch.

Pfad windet sich durch den Hochwald, bis wir am Waldrand eine kleine Straße erreichen. Auf dieser wandern wir rechts über eine Bahnbrücke zu den ersten Häusern von **Langerwisch** ❼.

Ein kurzer Abstecher führt uns zu den beiden Windmühlen. Die Paltrockwindmühle, die nach den an einen Mönchsrock erinnernden, lang heruntergezogenen Seitenwänden benannt ist, steht neben einer Miniatur-Bockwindmühle im Maßstab 1:4, die 1938 ein Müller für seinen Sohn erbaut hat, um ihn für den Müllerberuf zu begeistern. Von hier hat man auch einen schönen Blick über die Nutheniederung.

Hinter der Autobahnunterführung biegt die Blaustrich-Markierung rechts ab, wir gehen jedoch geradeaus weiter, umgehen ein Gewerbegebiet und erreichen die ersten Häuser von **Saarmund** ❽. An einer Ampel gehen wir geradeaus weiter in die Ortsmitte. Links sehen wir die Kirche, die 1849 nach Plänen der Schinkelschüler Persius und Stüler erbaut worden ist. Die Bushaltestelle, von wo wir den Bus zurück nach Potsdam nehmen können, liegt 150 m südlich an der Hauptstraße.

↗ 100 m | ↘ 100 m | 14.3 km

3.50 h

🚌 👣

Über den Saarmunder Endmoränenbogen nach Stücken

TOP 32

Höhen und Tiefen, die die Eiszeit schuf

Der Saarmunder Endmoränenbogen beginnt südlich von Potsdam am Brauhausberg und erstreckt sich über eine Länge von 18 km bis in die Nähe von Blankensee. Ein langer Wanderweg mit zahlreichen Ausblicken führt über seinen Kamm. In Saarmund im Nuthetal beginnt eine abwechslungsreiche Etappe über Saarmunder Berg, Backofenberg und die Grämitzberge und endet am Hohen Berg bei Stücken.

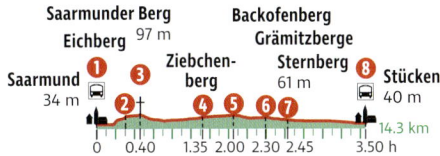

Ausgangspunkt: Saarmund, 34 m; Bu 611 ab Potsdam Hbf. bis Hst. Am Markt; Navi: 144558 Nuthetal Ortsteil Saarmund, Am Markt 6.
Endpunkt: Stücken, 40 m; Rückfahrt mit Bus 608 über Michendorf.
Anforderungen: Überwiegend schmale, teilweise steile Waldpfade; Markierung teilweise lückenhaft.
Einkehr: Unterwegs keine; in Stücken.
Karten: Südliches Berlin, Teltow, Ludwigsfelde und Umgebung, 1:35.000 (BAR); Naturpark Nuthe-Nieplitz, 1:50.000 (LGB).
Hinweis: Wanderung kombinierbar mit den Touren Nr. 31, 33 und 34.

An der 1849 von Persius und Stüler, den beiden begabtesten Schinkel-Schülern, erbauten Kirche von **Saarmund** ❶ beginnen wir unsere Wanderung und gehen auf der Bergstraße zum etwas außerhalb des Ortes gelegenen Sportplatz. Hier halten wir uns links und gehen über den Parkplatz zu einem Feldweg. Nach wenigen Schritten zweigt rechts ein Pfad ab, auf dem wir durch dichtes Kieferngebüsch an den Zaun des Sportplatzes und anschließend in den Wald gelangen. Nun wandern wir auf einem Betonplattenweg immer steiler auf die Schulter des **Eichbergs** ❷, biegen aber kurz unterhalb links ab und erreichen kurz darauf einen Wegweiser, der uns die Richtung anzeigt. Ab hier folgen wir der Blaustrich-Markierung des Fernwanderwegs E 10 (Ostsee–Südtirol). Auf schattigem Weg kommen wir auf den **Saarmunder Berg** ❸, von wo wir an einer Lichtung einen weiten Blick nach Osten haben. Nach 500 m biegt der Weg nach rechts ab und führt zum nahe gelegenen Sportflugplatz hinunter. An den Hangargebäuden erreichen wir eine kleine Straße, der wir zur Autobahn A 10 und dann zur Landstraße Saarmund–Tremsdorf folgen. Auf dieser unterqueren wir

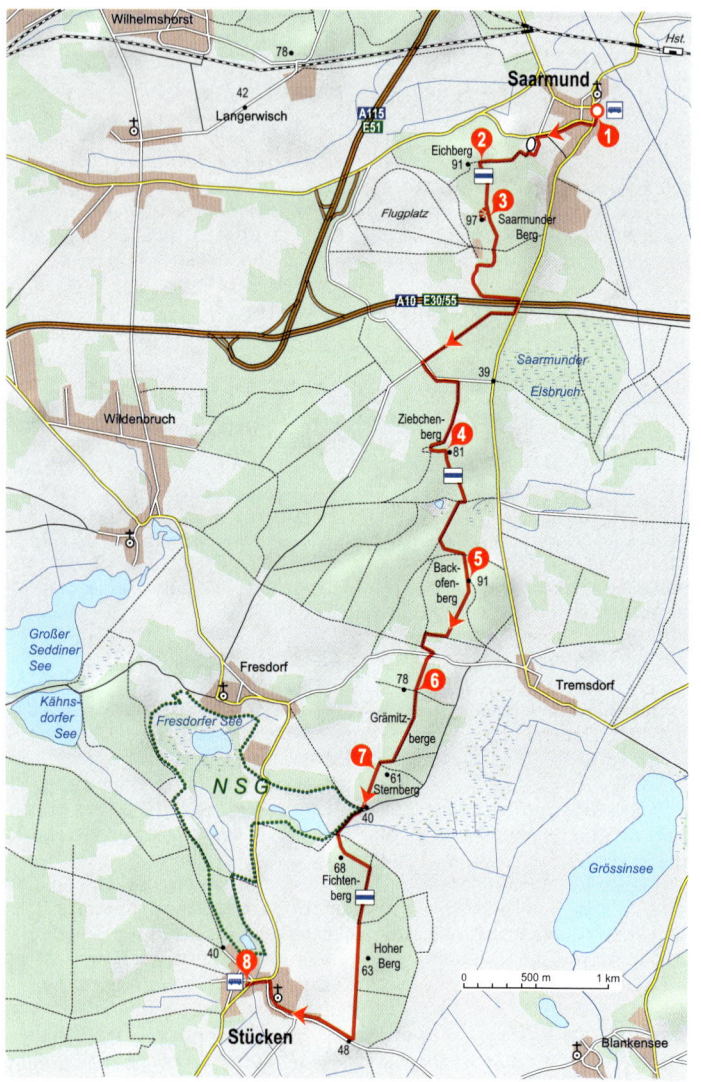

Rapsfeld bei Stücken, unserem Zielort.

die Autobahn und biegen mit der Blaustrich-Markierung wenige Meter nach der Unterführung rechts in einen Waldweg ein. Nach einem Kilometer erreichen wir eine Asphaltstraße, der wir links 500 m bis zu einer Abzweigung mit Schranke folgen. Hier geht es rechts auf einem Waldweg leicht ansteigend in Richtung Süden. Nach Passieren einer Lichtung mit Rastplatz zweigt der Wanderweg links ab und führt auf den **Ziebchenberg** ❹. Der Pfad schlängelt sich durch hügeliges Gelände, biegt in einer deutlich erkennbaren Erosionsrinne nach rechts ab und führt ins Tal hinab. Unten treffen wir auf einen Waldweg und müssen gegenüber gleich wieder ein kurzes Stück steil auf einen Hügel steigen. Nach kurzer Zeit erreichen wir bei Wegweisern eine Forststraße, der wir nach rechts folgen. An einer eingezäunten Schonung halten wir uns links. Am Ende der Schonung weist uns die Blaustrich-Markierung auf einen links abgehenden Waldweg. Nach 100 m zweigt rechts ein steiler Pfad ab (auf Markierung achten!) und führt uns auf den 91 m hohen **Backofenberg** ❺.

Langsam absteigend bringt uns dieser Pfad zur Ortsverbindungsstraße Tremsdorf–Fresdorf. An einem Feld halten wir uns rechts, kommen wieder in den Wald und biegen nach 200 m links zur erwähnten Straße ab. Auf der gegenüberliegenden Straßenseite geht es wieder aufwärts: Ein Pfad führt uns auf die **Grämitzberge** ❻ hinauf und schlängelt sich weiter durch hügeliges Waldgelände über den **Sternberg** ❼ zu einem Wegweiser in einer unbewaldeten Senke hinab. Auf einem Feldweg gehen wir nun schräg rechts an einer jungen Baumreihe entlang wieder in den Wald. Nach 500 m biegen wir rechts ab und erreichen nach zehn Minuten am Waldrand einen Rastplatz. Unser Ziel, die Ortschaft Stücken, ist bereits zu sehen. Nach einer Viertelstunde erreichen wir entlang des Waldrands die Ortsverbindungsstraße zwischen Blankensee und Stücken, auf der wir rechts weitergehen und nach 1 km die Ortschaft **Stücken** ❽ erreichen.

↗ 15 m | ↘ 20 m | 14.1 km

33 Von Stücken nach Dobbrikow

3.20 h

Streckenwanderung im Naturpark Nuthe-Nieplitz

Die im Fläming entspringenden Flüsse Nuthe und Nieplitz laufen durch eine von vielen Feuchtwiesen, Mooren und Seen durchzogene Niederung. Bis ins 19. Jahrhundert wurde die Gegend nach dem damaligen Besitzer »Thümenscher Winkel« genannt. Das Land war eine mitten in Preußen gelegene sächsische Enklave. Durch dieses landwirtschaftlich geprägte Gebiet verläuft ein Wanderweg von Stücken zu einem Naturbeobachtungsturm bei Stangenhagen und weiter bis Dobbrikow.

Ausgangspunkt: Stücken, 45 m; Bus 608 ab Michendorf bis Hst. Stücken, Dorf; Navi: 14552 Michendorf, Stückener Dorfstr. 6.
Endpunkt: Dobbrikow, 41 m; Rückfahrt mit Rufbus R 755, telefonische oder Onlinebuchung mindestens 1 Std. vorab, Tel. +49 3371 628181, www.vtf-online.de/rufbusapp.
Anforderungen: Feld- und Waldwege; ein Teil des Weges ist mit einer direkt auf die Bäume aufgemalten Rotstrich-Markierung versehen, die nicht mit der Markierung des teilweise parallel verlaufenden FlämingWalk zu verwechseln ist, einer Nordic-Walking-Strecke (roter Strich auf Schildern!).
Einkehr: Gasthäuser in Stücken, Körzin, und Dobbrikow.
Karten: Südl. Berlin, Teltow, Ludwigsfelde und Umgebung, 1:35.000 (BAR); Naturpark Nuthe-Nieplitz, 1:50.000 (LGB).
Hinweis: Kombinierbar mit den Touren Nr. 31, 32 und 34.

Am südöstlichen Ortsausgang von **Stücken** ❶ zweigt vom Sträßchen nach Blankensee ein beschilderter Feldweg nach Stangenhagen ab, der Große Nieplitzrundweg. Auf ihm werden wir jetzt ein gutes Stück wandern. Zunächst geht es unter einer schönen Allee zum Waldrand, wo wir links abbiegen. Wenig später führt unser Weg durch große Felder. Links haben wir einen weiten Blick über die Niederung und den Blankensee, den wir aber wegen seines dichten Uferbewuchses nicht sehen können. Nach etwa 3,5 km haben wir **Körzin** ❷ erreicht.

In dem kleinen Ort halten wir uns rechts und gehen auf der gepflasterten Zufahrtsstraße zur nahen B 246. Auf einem seitlich verlaufenden Radweg gehen wir links über die Nieplitz und treffen am Ortsrand von **Stangenhagen** ❸ auf das Pfefferfließ. Wir wechseln nicht auf das andere Ufer, sondern wandern südwärts auf einem nicht beschilderten Pfad an Schilfwiesen entlang zum **Vogelbeobachtungsturm** ❹. Von hier hat man eine gute

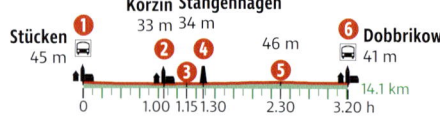

Vogelbeobachtungsturm bei Stangenhagen.

Sicht auf die in den letzten Jahren entstandenen Flachwasserseen und den Zauchwitzer Busch. Durch Abschalten eines Pumpwerks, das zu DDR-Zeiten die Gegend für landwirtschaftliche Zwecke entwässerte, stieg in den letzten Jahren das Grundwasserniveau an und bildete neue Seen. Verschiedene Tiere, insbesondere seltene Vogelarten wie z. B. Fisch- und Seeadler, siedelten sich an. Zur Zeit des Vogelzuges sind große Mengen an Wildgänsen und Kranichen zu beobachten.

Nachdem wir uns umgesehen haben, geht es über einen Bohlensteg durch sumpfiges Gelände, und nach wenigen Minuten haben wir bei einer Schranke einen Feldweg erreicht, auf dem wir rechts weitergehen. Zunächst wandern wir mit einer Rotstrich-Markierung an mehreren Viehweiden entlang, dann kommen wir in den Wald. Hier wechselt die Markierung, wir folgen jetzt den Schildern des FlämingWalk. Zunächst ist es der »Strassweg«, auf dem wir nach 1,9 km an den **Waldrand** ❺ kommen. Hier halten wir uns rechts, überqueren noch einmal das Pfefferfließ und biegen dahinter links auf die »Seeroute« ab. Zunächst durch Wald, dann durch Felder erreichen wir **Dobbrikow** ❻.

↗ 20 m | ↘ 20 m | 15,6 km

3.50 h

Von Dobbrikow nach Woltersdorf 34

🚌 ✗ 🚶

Streckenwanderung im Naturpark Nuthe-Nieplitz

Der nordwestlich von Luckenwalde gelegene Teil des Naturparks Nuthe-Nieplitz wird vom Pfefferfließ durchflossen, das auf seinem Lauf mehrere Mühlen antreibt. Auf dieser Tour über Felder und Wiesen, aber auch durch schattige Wälder lernt man zwei dieser Mühlen kennen und erreicht schließlich über Ruhlsdorf den Bahnhof Woltersdorf bei Luckenwalde.

Ausgangspunkt: Dobbrikow, 41 m; Rufbus R 755 bis Hst. Am Anger, Onlinebuchung vorab, www.vtf-online.de/rufbusapp; Navi: 14947 Nuthe-Urstromtal Ortsteil Dobbrikow, Am Anger.
Endpunkt: Bhf. Woltersdorf, 42 m. Rückfahrt mit Rufbus R 755, telefonische oder Onlinebuchung mindestens 1 Std. vorab, Tel. +49 3371 628181, www.vtf-online.de/rufbusapp.
Anforderungen: Feld- und Waldwege; ein Teil des Weges ist mit einer direkt auf die Bäume aufgemalten Rotstrich-Markierung versehen, die nicht mit der Markierung des teilweise parallel verlaufenden FlämingWalk zu verwechseln ist, einer Nordic-Walking-Strecke, mit einem auf Schildern angebrachten roten Strich gekennzeichnet.
Einkehr: Gasthäuser in Dobbrikow, Berkenbrück und Ruhlsdorf.
Karten: Südliches Berlin, Teltow, Ludwigsfelde und Umgebung, 1:35.000 (BAR); Naturpark Nuthe-Nieplitz, 1:50.000 (LGB).
Tipp: Obermühle, Tel. +49 33732 40314, www.obermuehle-gottsdorf.de.
Hinweis: Diese Wanderung kann mit den Touren Nr. 31–33 kombiniert werden.

Von der Bushaltestelle in **Dobbrikow** ❶ gehen wir auf der Nettgendorfer Straße südwärts. Noch im Ort passieren wir den Bauernsee. Dann nehmen wir den Rad- und Fußweg, der größtenteils etwas abseits der wenig befahrenen Straße ins 2 km entfernte **Nettgendorf** ❷ führt. Am südlichen Ortsende von Nettgendorf beginnt eine mit rotem Strich markierte Forststraße, die geradeaus über den Pekenberg nach **Gottsdorf** ❸ führt. Dort können wir gleich am Ortseingang einen Blick auf die Obermühle werfen, die seit 1285 existiert und noch heute als Mahlmühle für Getreide in Betrieb ist. Kurz vor der Obermühle biegen wir links ab und folgen den

Alte Scheune in Berkenbrück.

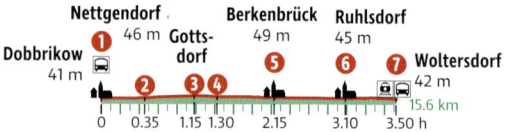

Markierungen der Nordic-Walking-Strecke Torfseeweg. Auf einem Fahrweg erreichen wir nach 1 km einen Wegweiser. Hier geht es rechts zur **Klinkenmühle** ❹, die heute eine Bauernhofpension ist. Ein sandiger Fahrweg führt uns nun durch Wald zum Naturschutzgebiet Oberes Pfefferfließ mit dem Torfsee. Auf einer Lichtung verlässt die Rotstrich-Markierung den Fahrweg und leitet zu einem kleinen See hinunter, dann rechts am Waldrand entlang und zum Fahrweg zurück. Nach wenigen Minuten haben wir **Berkenbrück** ❺ erreicht.

Jetzt sind für uns die Markierungszeichen der Nordic-Walking-Strecke Spitzberg maßgeblich. Schräg rechts durch den Ruhlsdorfer Weg führt unsere Route bald wieder in den Wald. Zunächst kommen wir an einem Wildgehege vorbei. Wir halten uns immer geradeaus und erreichen nach 3,5 km **Ruhlsdorf** ❻. An der Kirche vorbei verlassen wir den Ort auf der Straße Am Wiesengrund. Am Waldrand biegen wir an einer Pappelallee rechts ab und gelangen zur B 101, an deren Böschung wir links bis zu einer Unterführung weitergehen. Hier halten wir uns rechts, unterqueren die Bundesstraße und kommen am Ortsrand von **Woltersdorf** ❼ zum Bahnhof.

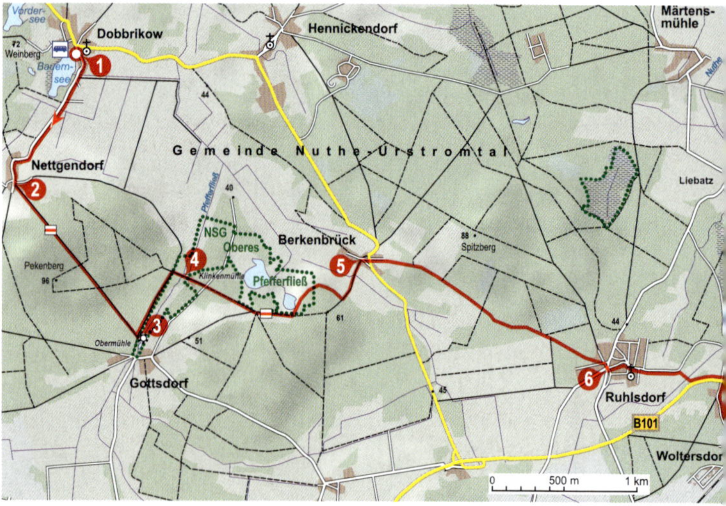

↗ 70 m | ↘ 70 m | 10.8 km

2.45 h 🚌 👫

Von Ferch zu den Lienewitzer Seen — 35

Waldwanderung zu zwei idyllischen Seen

Der am Südende des Schwielowsees südlich Potsdams gelegene Ort Ferch ist Ausgangspunkt einer Wanderung, die über den Wietkiekenberg, die höchste Erhebung der Zauche, einer sich südwestlich Berlins hinziehenden Hochfläche, führt. Im weiteren Verlauf wandert man am Kleinen und Großen Lienewitzsee, zwei schönen Waldseen, vorbei.

Ausgangspunkt: Ferch, 34 m; Bus 607 ab Hbf. Potsdam bis Hst. Strandbad; Navi: 14548 Schwielowsee Ortsteil Ferch, Dorfstr. 41.
Anforderungen: Breite Waldwege.
Einkehr: Unterwegs keine; Gasthof in Ferch.
Karten: Potsdamer Havelseen, Blütenstadt Werder und Umgebung, 1:35.000 (BAR); Havelseengebiet, 1:50.000 (LGB).
Tipp: Museum der Havelländischen Malerkolonie, Beelitzer Str. 1, 14548 Schwielowsee, Tel. +49 33209 21025, www.havellaendische-malerkolonie.de.

In der Nähe des Strandbads von **Ferch** ❶ beginnt ein mit blauem Strich markierter Wanderweg. Er führt in 25 Min. steil zum Aussichtsturm auf der Kuppe des **Wietkiekenbergs** ❷, 125 m, hinauf. Von seiner Plattform aus hat man einen schönen Rundblick über den Schwielowsee, das Havelland und bis nach Berlin. Nachdem wir uns umgesehen haben, kommen wir im Abstieg an mehreren alten Hude-Eichen vorbei. In früheren Zeiten trieben die Bauern ihr Vieh in den Wald, wo die Tiere – vor allem Schweine – besonders nach Eicheln suchten. Das alte Laub wurde aufgesammelt und als Einstreu für die

Sehenswerte Fischerkirche in Ferch.

Stallungen verwendet. So entstanden Bereiche mit stattlichen Eichen und schwachem Unterwuchs, wie sie heute nur noch selten in der Landschaft zu finden sind.

Nachdem wir die Gleise beim Bahnhof **Ferch-Lienewitz** ❸ überquert haben, gehen wir auf der Landstraße etwa 400 m bis zur Oberförsterei Ferch. Hier biegen wir links in eine alte Kopfsteinpflasterstraße ein, die in der Nähe des Karinchensees vorbeiführt. Nach 600 m zweigt an der zweiten Abzweigung der mit blauem Strich markierte Weg links ab und bringt uns zum Ostufer des vollständig von Wald umgebenen **Kleinen Lienewitzsees** ❹. Vorbei an einer Badestelle gelangen wir bald darauf zu den Häusern von Lienewitz. Hier überqueren wir die Pflasterstraße und wandern gegenüber im Wald weiter. Die Blaustrich-Markierung leitet uns nun entlang eines schönen Erlenbruchwalds zum Ostufer des **Großen Lienewitzsees** ❺. Auch er ist vollständig von Wald umgeben, seine Ufer sind zum größten Teil mit

128

Schilf bestanden. Nur am Nordost-Ende gibt es eine Badestelle. Von dort kann man in der Ferne den Aussichtsturm auf dem Wietkiekenberg sehen. Unser Wanderweg führt am Nordende des Sees an vier mächtigen alten Hude-Eichen vorbei wieder in den Wald und trifft nach 900 m auf eine Schotterstraße, der wir nun ohne Markierung nach Norden in Richtung Caputh folgen. An einer ehemaligen **Gärtnerei** ❻ zweigt links ein Weg ab, auf dem wir durch Wiesen zu einer Bahnunterführung kommen und wenig später die Straße erreichen, die von Caputh nach Ferch führt. Nun müssen wir links 900 m auf dem Rad- und Fußweg durch den Ort **Flottstelle** ❼ gehen, bis links ein mit gelbem Strich markierter Wanderweg den Hang hinaufführt. Dieser Höhenweg verläuft am steilen Hang entlang durch schönen Eichenwald und bietet immer wieder herrliche Blicke auf den Schwielowsee und das gegenüberliegende Ufer. Am Campingplatz in Ferch senkt sich dieser Weg wieder zur Straße hinab, und nach 500 m haben wir das Strandbad von **Ferch** ❶ erreicht.

Am Großen Lienewitzsee.

↗ 20 m | ↘ 20 m | 6.1 km

36 Ortolan-Rundwanderweg

1.30 h 🚌 🚶

Rund um Stücken

Ein kurzer Rundwanderweg beginnt in der im Naturpark Nuthe-Nieplitz gelegenen Ortschaft Stücken. Am Bauernteich vorbei gelangt der Wanderer durch Wald und über Wiesen an den Rand der Nieplitzniederung. Auf dieser Wanderung kann man im Frühjahr den melodischen Gesang des Ortolans hören. Der Bestand des kleinen Zugvogels, der zur Familie der Ammern gehört und in Deutschland vor allem in den östlichen Landesteilen vorkommt, nimmt seit Jahren beständig ab.

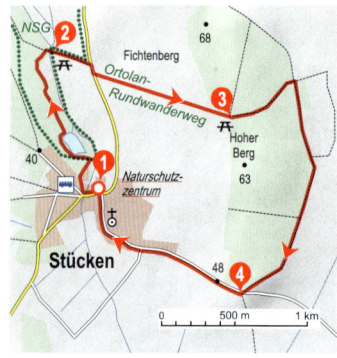

Ausgangspunkt: Stücken, 40 m; Bus 608 ab Michendorf bis Hst. Stücken, Dorf; Navi: 14552 Michendorf, Stückener Dorfstr. 6.
Anforderungen: Waldwege und schmale Pfade.
Einkehr: Unterwegs keine; Gasthaus in Stücken.
Karten: Südl. Berlin, Teltow, Ludwigsfelde und Umgebung, 1:35.000 (BAR); Naturpark Nuthe-Nieplitz, 1:50.000 (LGB).

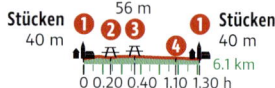

Am Ortolan-Rundwanderweg.

Findling am Ortolan-Rundwanderweg.

Ausgangspunkt ist das Naturschutzzentrum in **Stücken** ❶. Wir gehen auf der Zauchwitzer Straße in Richtung Westen. An einer Kreuzung biegen wir rechts ab in die Straße Am Bauernteich. Diese Rundwanderung ist mit Findlingssteinen markiert. Wir kommen an der 300 Jahre alten Reformationseiche vorbei und sind nach wenigen Minuten im Wald. Auf einem schmalen Pfad geht es nun weiter. Rechts schimmert der Bauernteich durch die Bäume. Früher diente er als Rückhaltebecken und Wasserreserve für die ehemalige Stückener Wassermühle. Der Pfad durchquert den Katzwinkel, ein Brutgebiet vieler Wasservögel. Nach 1 km trifft man auf einen Fahrweg, der rechts aus dem Wald hinaus und über eine kleine Holzbrücke zu einer Schafkoppel führt, in der Skudden weiden, die kleinste in Deutschland vorkommende Schafsrasse, die bereits seit ca. 4000 Jahren existiert. Aufgrund ihrer sehr feinen Wolle können Skudden ganzjährig im Freien bleiben und werden daher als Helfer in der Landschaftspflege und im Naturschutz eingesetzt. An der Weide befindet sich auch ein kleiner **Rastplatz** ❷. Der Ortolan-Rundwanderweg verläuft nun auf dem sogenannten Grünen Steig, der von Feldhecken gesäumt ist, zur Landstraße Stücken–Fresdorf. Dieser und die folgenden Wegabschnitte sind beispielhaft für den Lebensraum des Ortolans. Auf der Landstraße gehen wir wenige Schritte nach rechts bis zu einer großen Feldhecke, die nach links zum Waldrand führt. Dort befindet sich auch ein **Rastplatz** ❸ mit Infotafel.

Wir gehen geradeaus weiter in den Wald. Bei einer Gabelung halten wir uns links und kommen bald darauf wieder aus dem Wald hinaus. Hier zweigt der Wanderweg rechts ab und führt am Waldrand entlang nach Süden zur Landstraße Blankensee–Stücken. Links haben wir einen weiten Blick über die Nuthe-Nieplitz-Niederung und die Ungeheuerwiesen, auf denen im Frühjahr und Herbst Tausende nordischer Gänse, Kraniche und andere Zugvögel rasten. Dahinter kann man die Glauer Berge und die Ortschaft Blankensee erkennen. Wenn wir die **Landstraße** ❹ erreicht haben, wenden wir uns nach rechts und kehren auf dieser nach **Stücken** ❶ zurück.

37 Glauer Berge

↗ 150 m | ↘ 150 m | 20.0 km

5.15 h

Wanderung durch die Berge im Naturpark Nuthe-Nieplitz

Westlich von Trebbin erhebt sich der Endmoränenzug der Glauer Berge aus dem Nuthetal. Über den Kamm verläuft der aussichtsreiche Fontaneweg nach Blankensee. Nach einem Besuch des malerisch am gleichnamigen See gelegenen Ortes kehrt man über den Vorderen Löwendorfer Berg bei Trebbin zurück, wo sich vom Aussichtsturm ein weiter Ausblick über die Umgebung bietet.

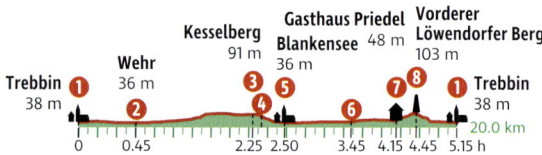

Ausgangspunkt: Marktplatz Trebbin, 37 m; vom Bahnhof 15 Min.; Navi: 14959 Trebbin, Berliner Str. 32.
Anforderungen: Teils breite, teils schmale und steile Waldwege.
Einkehr: Waldgasthof Priedel, Tel. +49 33731 326011, Gaststätten in Trebbin und Blankensee.
Karten: Südliches Berlin, Teltow, Ludwigsfelde und Umgebung, 1:35.000 (BAR); Naturpark Nuthe-Nieplitz, 1:50.000 (LGB).
Tipp: Das Gutshaus in Blankensee liegt in einem Landschaftspark, der nach Entwürfen von P. J. Lenné angelegt wurde. Die um 1920 von J. Weißenberg gegründete Religionsgemeinschaft der Johannischen Kirche errichtete in Blankensee ihr Kirchenzentrum.
Bauernmuseum, Dorfstr. 5, 14959 Blankensee, Tel. +49 33731 80011, www.bauernmuseum-blankensee.de
Hinweis: Der Kranich-Express (Rufbus) fährt auf Anforderung zwischen Trebbin und Blankensee, telefonische oder Onlinebuchung mindestens 1 Stunde vorab, Tel. +49 3371 628181, www.vtf-online.de/rufbusapp.

Vom Marktplatz in **Trebbin** ❶ gehen wir auf der Berliner Straße (B 101) in Richtung Norden am alten Scheunenviertel vorbei und biegen nach ungefähr 1 km links in die Straße Am Mühlengraben ein. Nach 5 Min. halten wir uns an der Wassermüllerstraße links und gleich wieder rechts und gehen auf einem Fußweg durch Wiesen zur Nuthe. Auf ihrem von hohen Pappeln gesäumten Ufer wandern wir flussabwärts bis zum bald sichtbaren **Wehr** ❷. Hier queren wir den Fluss und gehen auf einem schmalen Pfad an einem großen Feld entlang. Nach etwa 1,5 km treffen wir auf einen Betonplattenweg, der uns nach links in den Wald bringt. An einer Wegekreuzung geht es rechts mit einer Rotstrich-Markierung auf einem sandigen Fahrweg weiter. An einer zweiten Kreuzung halten wir uns links. Nun steigt der Weg etwas an; wir haben den Fuß der Glauer Berge erreicht.

Aussichtsturm auf dem Vorderen Löwendorfer Berg

Nach wenigen Minuten zweigt rechts der markierte Pfad ab, auf dem wir wenig später einen trigonometrischen Höhenpunkt, 91 m, erreichen. Im folgenden Wegabschnitt ist der Verlauf des Fontaneweges lückenhaft markiert. Auf jeden Fall folgen wir dem auf dem Kamm verlaufenden, stellenweise breiten Fußweg. Bis 1989 befand sich auf dem Höhenzug ein Übungsgelände der Roten Armee, das als Raketenstützpunkt und -abschussanlage diente. Davon ist heute nichts mehr zu sehen.

Der abwechslungsreiche, teilweise aber sehr sandige Weg führt uns durch schönen Wald über den mit Krüppelkiefern bewachsenen **Kesselberg** ❸, 91 m. Wir wandern nun zu einer Wegekreuzung hinab, die wir geradeaus überqueren; leider fehlt hier die Markierung. Kurz darauf erreichen wir den sagenumwobenen **Kapellenberg** ❹, auf dem bis vor 150 Jahren ein Gotteshaus stand. Heute sieht man davon nichts mehr; man erkennt aber mehrere Schützengräben, die von der Roten Armee zu Übungszwecken angelegt wurden. Nun senkt sich der Weg schnell ins Tal ab. Auf einer Landstraße gehen wir ein kurzes Stück nach links und dann rechts, überqueren die Nieplitz und kommen nach **Blankensee** ❺. In der Ortsmitte ist ein Abstecher (2 km) zum Vogelbeobachtungsturm in den Ungeheuerwiesen möglich. Im Frühjahr und Herbst können hier Tausende Kraniche und nordische Gänse beobachtet werden, die auf dem Vogelzug hier rasten.

Im weiteren Verlauf der Wanderung folgen wir der Markierung blauer Punkt. Zunächst kommen wir am Eingang zum Schlosspark und dann am Bauernmuseum vorbei, überqueren die Nieplitz und biegen nach 500 m links ab. Auf dem Ruhemannweg gehen wir zur Landstraße nach Schönhagen, auf der wir 400 m rechts gehen müssen. Dann zweigt links die Markierung ab

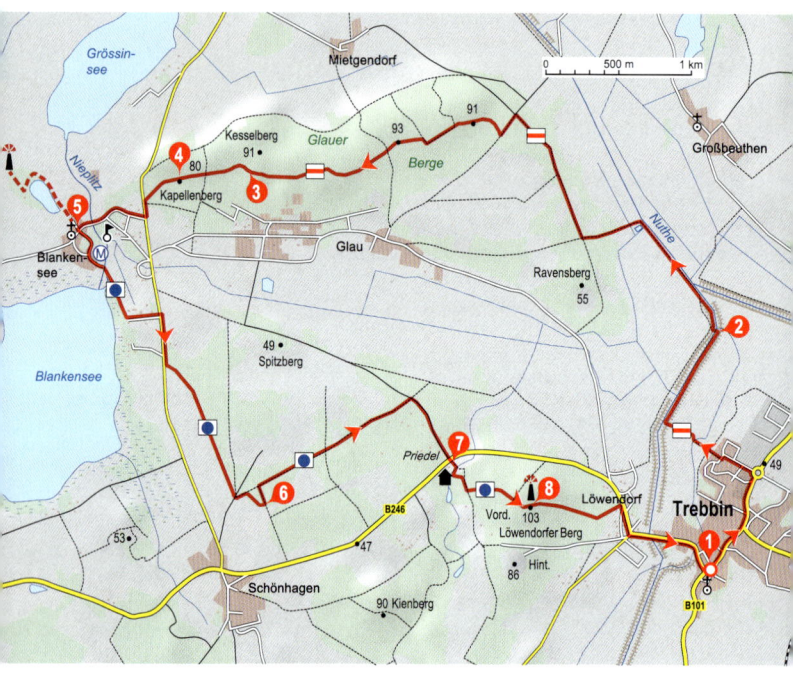

und führt uns auf einem Feldweg am Waldrand entlang. Nach etwa 1,5 km heißt es aufpassen, da auch hier die Markierung zu wünschen übrig lässt: Wir biegen schräg links ab und wandern an einem weiteren Acker entlang nach Osten, bis wir rechts eine gelbe Metallsäule entdecken, die die hier verlaufende **Gasleitungstrasse** ❻ kennzeichnet. Hier geht es scharf links in den Wald hinein. Nach 20 Min. biegen wir an einem umzäunten Grundstück rechts ab und kommen nach weiteren 10 Min. zum Waldgasthof **Priedel** ❼ an der B 246.

Auf einem Waldweg geht es nun wieder bergan. Die Blaupunkt-Markierung leitet uns zum Schluss steil auf den Gipfel des 103 m hohen **Vorderen Löwendorfer Bergs** ❽. Vom Aussichtsturm erkennt man bei guter Fernsicht im Norden die Silhouetten von Berlin und Potsdam. Nun geht es geradeaus und teilweise recht steil abwärts zu einer großen Lichtung, wo wir noch einmal die Fernsicht nach Norden genießen können. Dann treffen wir unten am Ortsrand von Löwendorf auf einen Wanderparkplatz. Links gelangen wir zur nahen B 246. Auf dem Gehweg erreichen wir nach 20 Min. wieder den Marktplatz **Trebbin** ❶.

↗ 40 m | ↘ 40 m | 14.2 km

38 — Von Treuenbrietzen ins Tal der Nieplitz

3.40 h
🚗 ✕ 🚶

Wanderung im Naturpark Nuthe-Nieplitz

Der südwestlich vor den Toren Potsdams gelegene Naturpark Nuthe-Nieplitz hat seinen Namen von den beiden Flüssen Nuthe und Nieplitz. Letztere entspringt im Niederen Fläming südlich der Kleinstadt Treuenbrietzen. Ein schöner Waldwanderweg führt ins Quellgebiet der Nieplitz. Auf dem Rückweg kommt man an einigen malerisch im Wald gelegenen Teichen vorbei.

Ausgangspunkt: Treuenbrietzen, 61 m, Bahnhof; Navi: 14929 Treuenbrietzen, Bahnhofstraße.
Anforderungen: Breite Waldwege.
Einkehr: Gasthöfe in Treuenbrietzen; Waldgaststätte »Zur alten Eiche«.
Karten: Hoher Fläming, Bad Belzig, Beelitz und Umgebung, 1:50.000 (BAR); Naturpark Nuthe-Nieplitz, 1:50.000 (LGB).
Tipp: Zwei sehenswerte Stadtkirchen in Treuenbrietzen: St. Marien und St. Nikolai, beide wurden im 13. Jahrhundert errichtet.

Vom Bahnhof in **Treuenbrietzen** ❶ gehen wir zunächst zur Leipziger Straße und auf dieser links zum Stadtgraben. Links sehen wir einen Rest der mittelalterlichen Stadtmauer. Am Heimatmuseum, das in einem Turm der Stadtbefestigung untergebracht ist, steht eine Preußische Postmeilensäule. Hier biegen wir rechts in den Paukert-Ring ein. Dieser Stadtwanderweg ist nach einem Ratsherrn des 19. Jahrhunderts benannt und führt um die Altstadt herum. Zunächst haben wir den Kahnegraben, wenig später nach Passieren des Schwanenteichs zum ersten Mal die Nieplitz zur Seite. Wir folgen der stadtauswärts führenden Bäckerstraße zu einem Fußweg, der am Beginn der Jüterboger Straße südlich an einem Graben entlang zur B 102 führt. Rechts befindet sich eine **Gedenkstätte** ❷, die an das Ende des Zweiten Weltkriegs erinnert: Am 23. April 1945 wurden in einem nahe gelegenen Waldstück 131 italienische Zwangsarbeiter, die in der Munitionsfabrik Selterhof arbeiten mussten, von Wehrmachtsangehörigen erschossen, obwohl die nur wenige 100 m entfernte Altstadt bereits zwei Tage vorher von der Roten Armee befreit worden war.

Wir überqueren die Bundesstraße und wenig später die Bahnlinie und treffen auf die Neue-Hufen-Straße, die uns nach ca. 200 m in den Wald bringt. Auf einer Forststraße wandern wir an der Försterei Neue Hufen vorbei und

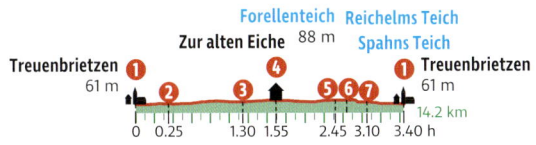

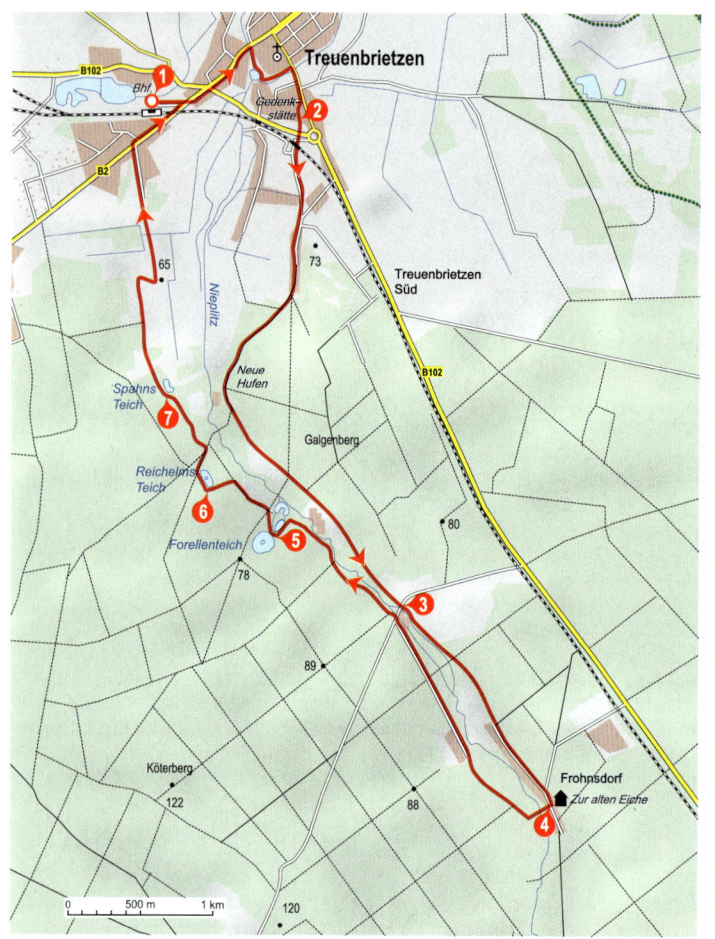

dann auf dem Hermann-Löns-Weg durch das Landschaftsschutzgebiet Nieplitztal mit seinen großen Eichen-Laubwäldern. Nach ungefähr 2 km kommen wir an einer **Gedenkstätte** ❸ vorbei, die an die Ermordung von drei Soldaten der Roten Armee im September 1944 erinnert. Kurz danach kennzeichnet ein Gedenkstein die Stelle, an der zwischen 1200 und 1550 das Dorf Frohnsdorf gestanden hat. Wenige Minuten später haben wir die ers-

Reichelms Teich.

ten Häuser der heutigen Siedlung Alt-Frohnsdorf erreicht. Hier informiert ein Stein über das ehemalige Treuenbrietzener Kämmereigut (1580–1854) und wenig später eine Tafel über die 1775 errichteten Kolonistenhäuser. Nach 5 Min. biegen wir an der Waldgaststätte **Zur alten Eiche** ❹ rechts ab und folgen dem Wegweiser »Nieplitztal-Weg« über die Nieplitz hinweg, die 800 m links – für uns nicht zu sehen – in dichtem Wald und in mehreren Sickerquellen zu Tage tritt. Bei der nächsten Kreuzung biegen wir noch einmal rechts ab und gehen auf einer Forststraße an einigen Häusern vorbei zu einem Gedenkstein für einen bei einem Sturm von einer entwurzelten Eiche erschlagenen Forstbrigadier. In der Nähe befinden sich auch die Grundmauern der ehemaligen Walkmühle an der Nieplitz (Infotafel). Nach 10 Min. überqueren wir eine kleine Straße, gehen aber geradeaus auf dem Waldweg weiter, bis der Nieplitztal-Weg links zum **Forellenteich** ❺ abbiegt (Wegweiser). Dort halten wir uns rechts und wandern an Tafeln vorbei, die darüber informieren, dass hier bis 1871 die Forellenmühle stand.

Nach 500 m führt uns der Nieplitztal-Weg zu einem kleinen Bach. Hier biegen wir links ab und folgen ein kurzes Stück dem Nickert-Rundweg links zum **Reichelms Teich** ❻, den wir auf seinem Westufer umgehen. Am Nordende des Teiches beginnt ein Pfad, der bald in einen Fahrweg übergeht und uns zu einer Forststraße bringt. Wir biegen aber wenige Meter vorher bei einer Wetterschutzhütte links ab und folgen dem beschilderten Weg zum **Spahns Teich** ❼, der rechts neben dem Weg liegt und von alten Buchen gesäumt ist. Nun verlassen wir den Wald und gehen an einer Weide entlang zu einem Feldweg, biegen rechts und gleich wieder links ab. An einem Graben entlang kommen wir nach **Treuenbrietzen** ❶ zurück. Über die Böllrichstraße erreichen wir die Leipziger Straße und den Bahnhof.

↗ 5 m | ↘ 5 m | 7.8 km

39 Saalower Mühlenweg

2.10 h

🚌 👣

Zur einzigartigen Saalower Scheunenwindmühle bei Mellensee

In Mellensee beginnt am ehemaligen Bahnhof ein markierter Wanderweg zu einer einzigartigen Scheunenwindmühle. Vorbei an einer Paltrockwindmühle kommt man nach einer abwechslungsreichen Wanderung zum ehemaligen Bahnhof Mellensee zurück, wo man sich Draisinen ausleihen kann. Die stillgelegte Bahnstrecke ist inzwischen Deutschlands längste Draisinenbahn.

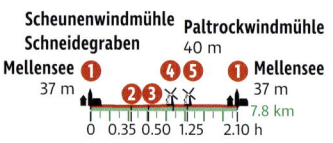

Ausgangspunkt: Mellensee, 37 m, Erlebnisbahnhof; Bus 771 ab Bhf. Zossen bis Hst. Bahnhof; Navi: 15838 Am Mellensee, Am Bahnhof 3.
Anforderungen: Feld- und Waldwege, teilweise lückenhafte Markierung.
Einkehr: Unterwegs keine; Gasthöfe in Mellensee.
Karte: Südliches Berlin, Teltow, Ludwigsfelde und Umgebung, 1:35.000 (BAR).
Tipp: Schubert'sche Scheunenwindmühle in Saalow, Tel. +49 3377 302260, www.scheunenwindmuehle.de.

Am ehemaligen Bahnhof in **Mellensee** ❶ beginnt der Saalower Mühlenweg (grüner Punkt, Nr. 4). Wir gehen auf der Saalower Allee westwärts und biegen bald links in den Milzedamm ein. Nun am Ortsrand entlang und nach 10 Min. rechts auf eine Straße, die aus dem Ort hinausführt. Nach 5 Min. biegen wir mit der Grünpunkt-Markierung rechts in einen Waldweg ein. Die Markierungszeichen sind im folgenden Abschnitt sehr hoch an den Bäumen angebracht. Wir kommen an ein paar Häusern und an einer Kleingartenanlage vorbei und halten uns im anschließenden Waldstück immer rechts. Vorbei an einem Feld treffen wir nach 5 Min. auf eine Fahrstraße. Hier biegen wir rechts ab, überqueren schon nach wenigen Schritten den **Schneidegraben** ❷ und biegen wenig später bei einem landwirtschaftlichen Betrieb links ab. Vorbei an einigen Teichen gelangen wir auf einem Feldweg zu einer **Weggabelung** ❸. Wir biegen erneut rechts ab und wandern über Felder an einer Reihe großer Pappeln entlang in den gegenüberliegenden Wald. Nach 500 m errei-

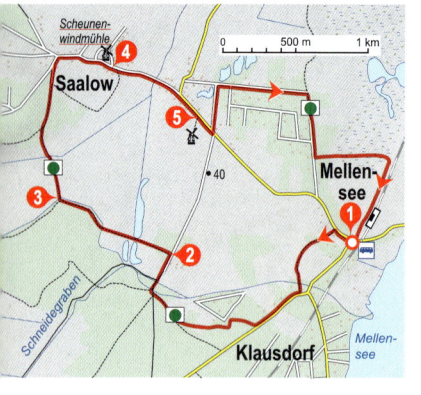

chen wir am Friedhof die ersten Häuser von Saalow, einem gut erhaltenen Rundlingsdorf. Auf der Dorfstraße gelangen wir zur Dorfaue mit der **Scheunenwindmühle** ❹. Die Mühle stand ursprünglich bei Dresden und wurde 1993 hier originalgetreu wieder aufgebaut.
Wir gehen an der benachbarten ehemaligen Dorfschule vorbei und durch die Schulstraße, dann durch die Mellenseestraße. Rechts sehen wir eine **Paltrockwindmühle** ❺. Der Name soll von der Ähnlichkeit der seitlichen Holzverkleidung mit dem Faltenrock eines Geistlichen her kommen. Die Mühle wurde Mitte des 19. Jh. in Berlin-Schöneberg errichtet und 1903 nach Saalow versetzt. An einem Wegweiser halten wir uns dem grünen Punkt folgend links und kommen zur Hechtseestraße, auf der wir rechts durch eine Siedlung gehen. An ihrem Ende biegen wir noch einmal rechts in den Grenzweg ein. Nach 400 m führt links bei den letzten Häusern ein Fußweg durch ein Feuchtgebiet und dann rechts an den Gleisen entlang zum Bahnhof in **Mellensee** ❶.

Die Scheunenwindmühle in Saalow ist in ihrer Art weltweit einmalig.

↗ 65 m | ↘ 65 m | 5.5 km

40 Sperenberger Gipsweg

1.20 h

Rundwanderung zu mehreren Aussichtspunkten bei Sperenberg

Vom 12. bis in die Mitte des 20. Jahrhunderts wurde um Sperenberg Gips abgebaut. Zeugen dieses Bergbaus sind heute einige mit Grundwasser gefüllte Tagebaurestlöcher. Der Sperenberger Gipsweg bildet zusammen mit dem Wanderweg durch die benachbarten Klausdorfer Tongruben den Boden-Geo-Pfad. Nach Umrundung des idyllisch im Wald gelegenen Faulen Sees hat man an mehreren Aussichtspunkten einen guten Überblick über das ehemalige Abbaugelände, von dem im Lauf der Zeit die Vegetation wieder Besitz ergriffen hat.

Ausgangspunkt: Sperenberg, 47 m; Bus 771 ab Zossen bis Hst. Bahnhof; Navi: 15838 Am Mellensee Ortsteil Sperenberg, Trebbiner Str. 2.
Anforderungen: Feldwege und Waldpfade; Markierung teilweise lückenhaft.
Einkehr: Unterwegs keine; in Sperenberg.
Karte: Südliches Berlin, Teltow, Ludwigsfelde und Umgebung, 1:35.000 (BAR).
Tipp: Der Verein pro Mellensee e. V., der den Wanderweg angelegt hat, bietet regelmäßig geführte Wanderungen durch das ehemalige Gipsabbaugelände bei Sperenberg an: Tel. +49 33703 71000, www.promellensee.de.

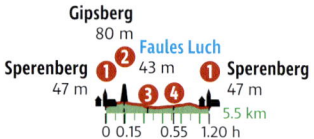

An der Kirche von **Sperenberg** ❶ beginnen wir diese Wanderung und gehen links in den Mühlenweg. Wir kommen an mehreren Wanderwegweisern vorbei und folgen schließlich dem Schild, das zum Aussichtsturm auf dem Gipsberg zeigt. Die Markierung ist fast auf der gesamten Wanderung ein gelber Punkt mit der Zahl 7. Entlang einer großen Feldhecke gelangen wir zum Aussichtsturm auf dem **Gipsberg** ❷, der wenige Meter abseits des markierten Wanderweges liegt. Die Besteigung des kleinen Turms, der eigentlich ein Fernmeldeturm ist, lohnt sich: Im Süden sehen wir auf den Neuendorfer See hinab. Anhand eines Bodenaufschlusses und Infotafeln werden die Böden in der Umgebung erläutert. Auf dem markierten Wanderweg wandern wir in wenigen Minuten bis zur zweiten Infotafel am Waldrand hinab. Hier geht es rechts, kurz darauf biegen wir links ab und gleich wieder rechts. Wir folgen dem gelben Punkt und wandern ein kurzes Stück durch Wald, dann an einer weiteren Info-

Gipsbruch bei Sperenberg.

tafel zwischen dem Faulen See un**d Faulen Luch** ❸ vorbei und an dessen Ostufer auf wurzeligem Pfad entlang. Schließlich gelangen wir ans Südende des Luchs, dessen Ufer fast ganz mit Schilf bewachsen ist. Hier halten wir uns rechts und laufen über einen kleinen mit Schilf bewachsenen Damm mit schönem Blick über das Faule Luch zu einem Anglerheim und verlassen den Wald. Wir queren einen Fahrweg und gehen geradeaus zu einigen Häusern. Dahinter passieren wir ein Gelände mit Wochenendhäuschen und biegen kurz darauf an einer **Infotafel** ❹ rechts ab.
Auf einem Pfad steigen wir durch Wald steil zu einem Aussichtspunkt hinauf, von dem man einen schönen Blick auf einen der mit Grundwasser gefüllten Gipsbrüche hat. Dahinter gehen wir links am bewaldeten Rand des Abbruchs der Gipsbrüche entlang. Rechts liegt ein großes Feld mit dem Aussichtsturm auf dem Gipsberg, den wir am Anfang der Wanderung bestiegen haben. Wir kommen an mehreren Aussichtspunkten vorbei, bevor sich der Weg wieder zu der schon bekannten Fahrstraße absenkt. Nun sind es nur noch wenige Minuten zu gehen, bis wir zum Ausgangspunkt an der Kirche von **Sperenberg** ❶ zurückgekehrt sind.

↗ 30 m | ↘ 30 m | 12.1 km

41 Wanderung in der Dubrow

3.00 h

Im ehemaligen kaiserlichen Hofjagdgebiet bei Prieros

Das große Waldgebiet der Dubrow war früher ausschließlich mit Eichen bewachsen, daher der aus dem Slawischen stammende Name. Jahrhundertelang diente es den Hohenzollern als Hofjagdgebiet, wo von Helfern zusammengepferchtes Wild mit viel Lärm und Getöse den hohen Herrschaften vor die Flinte getrieben wurde. Zu den heute im Kiefernforst noch verbliebenen Eichen, deren Alter 300–350 Jahre beträgt, führt diese Wanderung. Außerdem bieten sich an mehreren Seen Bademöglichkeiten.

Ausgangspunkt: Prieros, 43 m; Bus 724 ab Königs Wusterhausen bis Hst. Prieros, Brücke; Navi: 15754 Heidesee Ortsteil Prieros, An der Dahme 1.
Anforderungen: Waldwege und -pfade.
Einkehr: Imbiss Campingplatz Huchtesee; Gasthöfe in Prieros.
Karten: Flutgrabenaue, Königs Wusterhausen und Umgebung, 1:35.000 (BAR); Dahme-Seengebiet, 1:25.000 (LGB).
Tipp: Haus des Waldes am Frauensee, www.haus-des-waldes.jimdofree.com; Naturpark-Infopunkt Prieros, Arnold-Breithor-Str. 8, 15754 Prieros, Tel. +49 33768 969 0, www.dahme-heideseen-naturpark.de.

Königseiche.

Von der Bushaltestelle am westlichen Ortseingang von **Prieros** ❶ – hier findet man auch Parkplätze – wandern wir auf der Forststraße, die im Winkel zwischen B 246 und der Straße An der Dubrow mündet, südwestlich zum Frauensee. Wegweiser zeigen zum Campingplatz Huchtesee. Wir gehen immer geradeaus und kommen nach 2 km zum kleinen, vollkommen von Wald umgebenen **Frauensee** ❷. Auf dessen Südufer gehen wir durch lichten Kiefernwald und haben einen schönen Blick zum gegenüberliegenden, schilfbestandenen Ufer mit dem Kindererholungsdorf. Am westlichen Ende des Sees halten wir uns zunächst einige Schritte nach rechts und biegen an einer Sitzgruppe links ab.

Nach 500 m erreichen wir das **Haus des Waldes** ❸, ein Waldpädago-

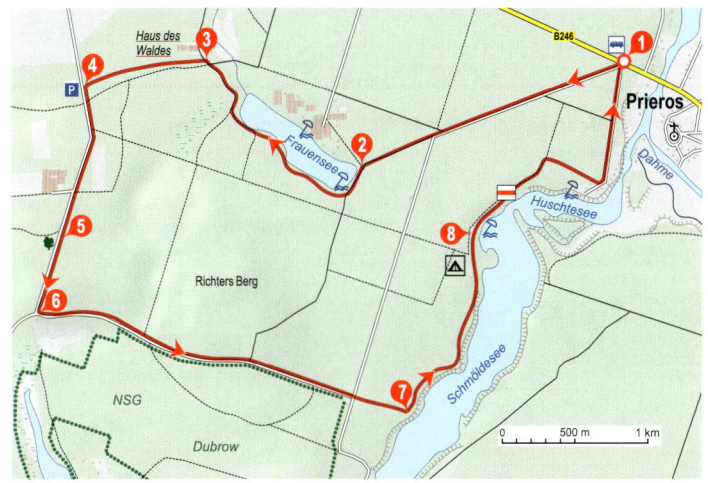

gikzentrum der Landesforstverwaltung mit einer lehrreichen Ausstellung. Nun führt ein schön angelegter Fußweg abseits von einem kleinen Asphaltsträßchen zu einem **Wanderparkplatz** ❹, wo wir links abbiegen und auf einem nach Süden führenden Asphaltsträßchen durch lichten Kiefernwald wandern, bis nach etwa 1 km ein Wegweiser rechts zur fast 600 Jahre alten **Königseiche** ❺ zeigt. Wer möchte, kann hier einen kurzen Abstecher zu diesem Naturdenkmal, einem der ältesten Bäume Brandenburgs, machen. Der Baum hat zwar keine richtige Krone mehr, trägt aber an einem Ast noch Blätter. Zur Zeit der Kaiserjagden gehörte die Besichtigung dieser ältesten Eiche zum üblichen Programm.

Wenig später erreichen wir auf dem Asphaltsträßchen das **Forsthaus Dubrow** ❻. Der am Weg liegende, aus Feldsteinen gemauerte Wildkeller ist als Fledermausquartier ein Naturdenkmal. Ursprünglich diente er der Lagerung von Futter für die in der Dubrow gehaltenen Wildbestände. Hier biegen wir links ab und folgen einer Rotstrich-Markierung, die uns geradeaus ans Ufer des **Schmöldesees** ❼ führt, und an dessen bewaldetem Hochufer wir der roten Strich-Markierung folgend nach Norden wandern. Wir kommen an einer Badestelle vorbei, durchqueren den Campingplatz D66/**Huschtesee** ❽ und gehen weiter an der Seenkette entlang. An einem Familienerholungszentrum erreichen wir die Straße An der Dubrow, die uns links nach ca. 800 m nach **Prieros** ❶ zurückführt.

42 Rund um den Klein Köriser See

↗ 15 m | ↘ 15 m | 14.3 km
3.15 h
🚌 ✕ 🚶

Im Naturpark Dahme-Heideseen

Die Teupitz-Köriser Seenkette im Naturpark Dahme-Heideseen besteht aus mehreren Seen, die wie an einer Kette hintereinander aufgereiht sind. In Groß Köris beginnt ein markierter Wanderweg, der zunächst um den Großen und Kleinen Moddersee führt, um dann den Klein Köriser See zu umrunden.

Ausgangspunkt: Groß Köris, 41 m, Bhf.; Navi: 15746 Groß Köris, Berliner Str. 20.
Anforderungen: Waldwege.
Einkehr: Gasthäuser in Groß Köris und Klein Köris.
Karten: Naturpark Dahme-Heideseen, 1:35.000 (BAR), Dahme-Seengebiet, 1:25.000 (LGB).
Tipp: Freilichtmuseum Germanische Siedlung Klein Köris, Tel. +49 331 2801879, www.germanische-siedlung-klein-koeris.de.

Vom Bahnhof in **Groß Köris** ❶ gehen wir ein kurzes Stück auf der Berliner Straße und biegen links in die Seebadstraße ein. Diese führt am Schulzensee entlang und mündet in die Lindenstraße. Dort geht es geradeaus weiter über eine Klappbrücke, die einen Verbindungskanal zwischen dem Schulzensee und dem Großen Moddersee überspannt. Die gesamte Rund-

wanderung ist durchgehend mit grünem Punkt markiert. An einer Straßengabelung nehmen wir die rechte Straße, die Pätzer Straße, und verlassen auf ihr den Ort. Auf einer Lichtung biegen wir rechts ab und kommen nach **Wilhelminenhof** ❷. Hier beginnt rechts ein Feldweg und leitet uns durch Viehweiden zum Ufer des Klein Köriser Sees. Nun wandern wir auf einem schönen Waldweg immer am Ufer entlang. Durch die Bäume bietet sich ein weiter Blick über den See. Nach ca. 3 km erreichen wir eine Kleingartensiedlung. Wir müssen durch ein unverschlossenes Tor gehen, das das Eindringen von Wild verhindern soll. Kurz darauf kommen wir nach **Neubrück** ❸ an

Klappbrücke in Groß Köris.

der B 179. Auf ihr gehen wir nun rechts über die Brücke zwischen Klein Köriser und Hölzerner See. Bereits bei der nächsten Straße biegen wir wieder rechts ab und gelangen im Wald in die Nähe des Ufers des Klein Köriser Sees. Vorbei an einer Weide treffen wir an einer Badestelle auf die ersten Häuser von **Klein Köris** ❹. In der Nähe befindet sich die rekonstruierte Germanische Siedlung aus dem 2. bis 5. Jahrhundert, die einen Abstecher von zehn Minuten wert ist.

Nachdem wir den Ort auf der Chausseestraße durchquert haben, finden wir an einer **Bushaltestelle** ❺ rechts die Fortsetzung des mit grünem Punkt markierten Wanderwegs. Wir kommen zu einer Häusergruppe und gehen geradeaus zum Klein Köriser See. Am Ufer folgen wir links dem schmalen Pfad, gehen an der Jugendherberge vorbei und erreichen das Ostende des Sees. Der markierte Weg führt nun zunächst durch Wald, dann an einem Feld entlang zum Großen Moddersee, den man aber wegen des dichten Uferbewuchses nicht sehen kann. Schließlich erreichen wir die von Klein Köris kommende Landstraße und wandern auf dem seitlichen Rad- und Fußweg nach **Groß Köris** ❶ zurück.

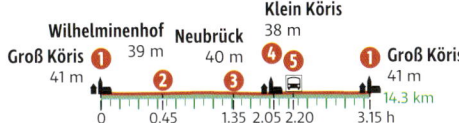

↗ 25 m | ↘ 20 m | 13.6 km

43 Zum Katjasee und Helenesee und nach Müllrose

3.10 h

Streckenwanderung durch einen ehemaligen Braunkohletagebau

Bis 1958 wurde in der Region Brieskow-Finkenheerd in mehreren Tagebauen Braunkohle gewonnen. Die Tagebaurestlöcher sind heute Badeseen und dienen zusammen mit den von dichtem Wald überzogenen Halden der Erholung. Von Finkenheerd führt ein abwechslungsreicher Wanderweg ans Ufer von Katja- und Helenesee. Nach Überqueren des Oder-Spree-Kanals erreichen wir schließlich Müllrose.

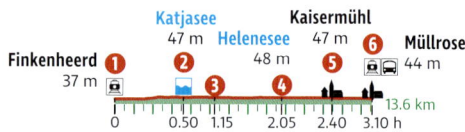

Ausgangspunkt: Finkenheerd, 37 m, Bahnhof; Navi: 15295 Brieskow-Finkenheerd, Bhf. Finkenheerd.
Endpunkt: Müllrose, 42 m, Bahnhof; im Sommer auch Bus A 400 nach Jacobsdorf, mit Anschluss an den RE nach Berlin und Frankfurt (Oder).
Anforderungen: Meist breite Waldwege.
Einkehr: In Kaisermühl und Müllrose.
Karten: Naturpark Schlaubetal, Frankfurt (Oder), Guben, Eisenhüttenstadt, 1:50.000 (je von BAR und LGB).

Abbruchgefährdetes Ufer am Helenesee.

Vom Bahnhof **Finkenheerd** ❶ gehen wir auf der Bahnhofstraße nach Norden und biegen nach 600 m links in die Georg-Schacht-Straße ein, die uns an einem Gewerbegebiet vorbei aus dem Ort hinausführt. Nach 1 km biegen wir an einer aufgelassenen Sandgrube am Waldrand links ab. Ab hier ist unser Weg mit einem grünen Punkt markiert. Nach zehn Minuten biegen wir bei einigen versteckt im Wald liegenden Häusern rechts ab. Links im Wald befanden sich bis 1952 die Förderanlagen des Katjaschachts, von denen heute aber nichts mehr zu sehen ist. Der Wanderweg führt nun zum Südufer des **Katjasees** ❷. Hinweisschilder weisen darauf hin, dass die Böschungen zum See hin abbruchgefährdet sind und nicht betreten werden dürfen. Trotzdem

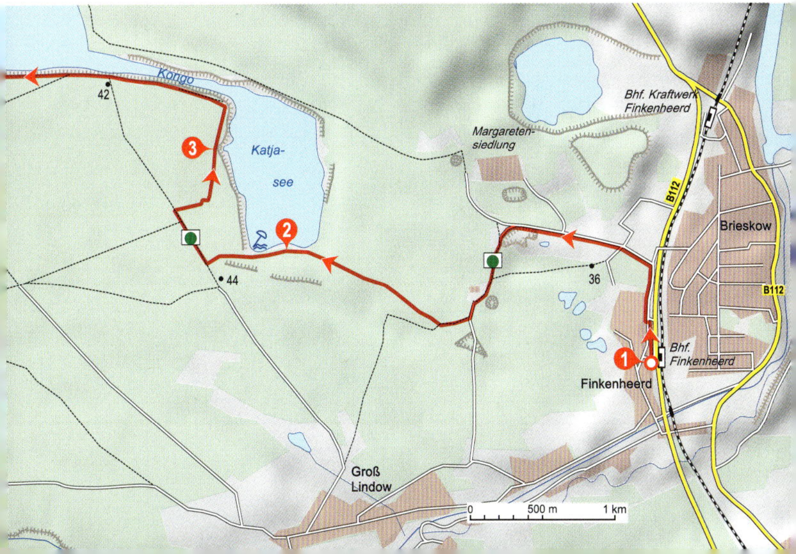

hat man vom Wanderweg, besonders von einem am Weg liegenden kleinen Badestrand, schöne Blicke über den See und zur gegenüberliegenden bewaldeten Hochhalde.
Nach 400 m biegen wir rechts mit der Markierung in einen Forstweg ein. Wir wandern zunächst geradeaus in nordwestlicher Richtung weiter, halten uns dann aber nach 600 m noch einmal rechts und gelangen an das **Nordwestufer** ❸ des Katjasees. Dieser ist mit einem Kanal, der Kongo genannt wird, mit dem benachbarten, größeren Helenesee verbunden.
Unser Wanderweg führt nun am Ufer des Kongo entlang zum Helenesee, dem mit Grundwasser gefüllten Restloch des 1958 stillgelegten gleichnamigen Tagebaus. Auf seinem steilen Südufer geht es nun nach Westen, immer wieder gibt es schöne Ausblicke über den See hinweg zum Nordufer mit seinem großen Freizeit- und Campingpark mit ausgedehnten Badestränden. Auch hier dürfen einzelne Bereiche des Seeufers nicht betreten werden (Hinweisschilder). Nach einer halben Stunde erreichen wir das südwestliche Ende des **Helenensees** ❹. Auf einem nicht markierten Waldweg wandern wir südwestlich zu einer asphaltierten Landstraße. Auf dieser etwa 100 m nach rechts, dann nach links in den Wald ab. Von den hier beginnenden vier Wegen nehmen wir den Weg ganz links (blauer Strich). Nach 2 km erreichen wir den am Oder-Spree-Kanal gelegenen Ort **Kaisermühl** ❺. Auf einer parallel zur Landstraße verlaufenden Zufahrtsstraße gehen wir 200 m nach rechts, bis links eine kleine Stichstraße zur Brücke über den Kanal führt. Nach wenigen Minuten überqueren wir an der ehemaligen Kaisermühle (heute Hotel) die Alte Schlaube und biegen wenig später an einer unter Denkmalschutz stehenden alten Eiche rechts ab. Auf dem Kirchsteig, einem breiten, mit rotem Strich markierten Waldweg, kommen wir an einen großen überdachten Rastplatz und dahinter zu einem Bahnübergang, hinter dem wir links zum Bahnhof **Müllrose** ❻ gelangen.

Brücke über den Oder-Spree-Kanal.

↗ 50 m | ↘ 30 m | 9.3 km

2.20 h

🚌✕🚶

Schlaubetal (1) 44

Streckenwanderung zur Ragower Mühle und zum Kupferhammer

Der Naturpark Schlaubetal zeichnet sich durch hohen Artenreichtum aus. So nisten hier u. a. See- und Fischadler, Schwarzstorch und Kranich. Ein schöner, romantischer Wanderweg beginnt in Müllrose und führt zunächst entlang des Großen Müllroser Sees und dann im teilweise engen Schlaubetal zur Ragower Mühle und nach Kupferhammer.

Ausgangspunkt: Müllrose, 44 m, Markt; vom Bhf. Müllrose 20 Min. Im Sommer Bus A 400 von Bhf. Jacobsdorf bis Hst. Müllrose, Markt; Navi: 15299 Müllrose, Markt 10.
Endpunkt: Gasthaus Kupferhammer; von hier im Sommer mit Bus A 400 nach Müllrose zurück, zur Bushaltestelle auf der Pflasterstraße 100 m bis zur Abzweigung am Gasthaus Siehdichum; oder auf dem Radweg zu Fuß in 45 Min. zum Bahnhof Mixdorf (52 m, durch den Ort hindurch, ca. 1 km außerhalb) und mit dem Zug zurück nach Müllrose.

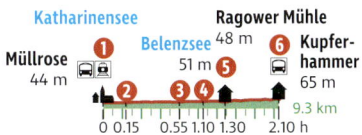

Anforderungen: Breite Waldwege.
Einkehr: In Müllrose; Gasthöfe Ragower Mühle und Kupferhammer.
Karten: Naturpark Schlaubetal, Frankfurt (Oder), Guben, Eisenhüttenstadt, 1:50.000 (BAR); Schlaubetal, 1:50.000 (LGB).

Vom Marktplatz in **Müllrose** ❶ gehen wir zum Großen Müllroser See. Hier beginnt eine schöne Promenade, die uns um das Nordufer herumführt. Am Ende der Promenade gehen wir auf der Seeallee weiter und kommen wenig später an den kleinen **Katharinensee** ❷. Nachdem wir ihn hinter uns gelassen haben, biegen wir rechts in die Straße Am Ostufer ein und erreichen bei einem Campingplatz wieder das Ufer des Großen Müllroser Sees. Ab hier ist die gesamte Tour mit blauem Strich markiert. Der Pfad verläuft zunächst mit schönen Ausblicken am Ufer entlang. Auf einer kleinen Holzbrücke überqueren wir den Mouschenzgraben. Im See erkennt man die kleine Insel Fischerwerdel. Bald haben wir das Ende des Großen Müllroser Sees erreicht. Hier wenden wir uns nach links und wandern auf einem Feld-

Die Ragower Mühle.

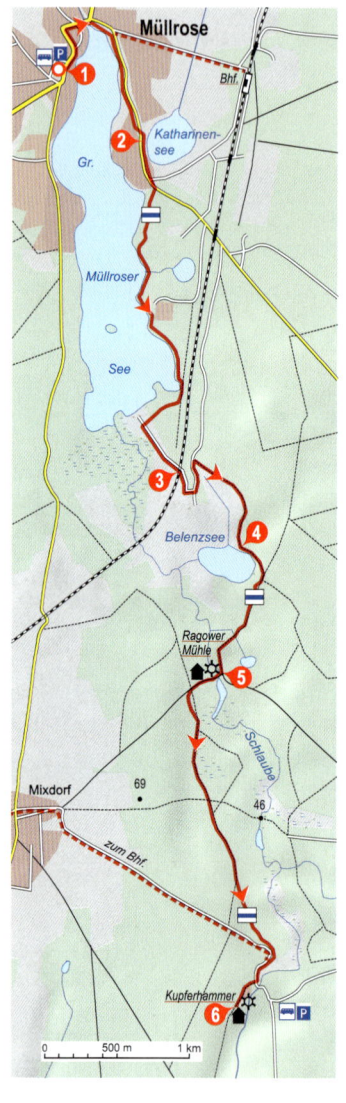

weg zum **Bahnübergang** ❸ der Eisenbahnlinie Frankfurt (Oder)–Beeskow. Kurz nach Überqueren der Gleise erreichen wir ein asphaltiertes Sträßchen, auf dem wir links in den Wald hinein bis zu einem Wegweiser gehen, der zur Ragower Mühle zeigt. Der hier beginnende Weg verlässt nach kurzer Zeit wieder den Wald und führt uns nun an einem Feuchtgebiet entlang zum kleinen **Belenzsee** ❹, dessen Ufer schilfbestanden ist. An einer Kreuzung biegen wir rechts ab. Bald passieren wir das »Teufelsluch« und stehen wenig später vor der **Ragower Mühle** ❺. Um 1600 erbaut, ist sie heute ein Gasthaus, Teile der alten Mühlentechnik sind noch erhalten. Auf einer Brücke überqueren wir die Schlaube, gehen an der Mühle vorbei und kommen zu einem Baumlabyrinth (Spielplatz). Am Waldrand halten wir uns bei einem Wegweiser links. Nun wird das Schlaubetal enger, hin und wieder münden Trockentäler ein. Schließlich erreichen wir eine gepflasterte Straße. Links unten liegt das **Gasthaus Kupferhammer** ❻, ursprünglich eine Getreidemühle, in der später Raseneisenstein verarbeitet und Altkupfer umgeschmolzen wurde. 1830 stieg man auf Tuchfabrikation um.

Von hier können wir im Sommer mit dem Linienbus nach Müllrose zurückfahren; oder aber wir wandern weiter zum Bahnhof Mixdorf. Dazu gehen wir auf der Pflasterstraße rechts und haben einen Radweg zur Verfügung. In Mixdorf gehen wir geradeaus aus dem Ort zum etwa 1 km außerhalb gelegenen Bahnhof. Von hier mit dem Zug zurück nach Müllrose.

↗ 70 m | ↘ 70 m | 17 km

4.15 h

🚌✕🚶

Schlaubetal (2)

TOP 45

Rundwanderung von Kupferhammer zur Bremsdorfer Mühle

Wie ein Mittelgebirgsbach windet sich die Schlaube durch den artenreichen Naturpark Schlaubetal. An ihrem Lauf liegen mehrere Wassermühlen. Auf einem romantischen Rundwanderweg gelangt man von Kupferhammer über den Försterfriedhof zur Bremsdorfer Mühle. Auf dem Rückweg passiert man den kleinen Teufelssee und den Schervenzsee.

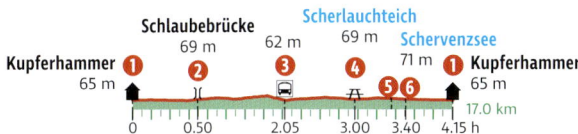

Ausgangspunkt: Kupferhammer, 65 m. Im Sommer Bus A 400 ab Bhf. Jacobsdorf; Fußweg von Bhf. Mixdorf 45 Min.; Rückfahrmöglichkeit im Sommer schon ab Bremsdorfer Mühle mit Bus A 400.
Anforderungen: Breite Waldwege.

Einkehr: Gasthäuser Kupferhammer, Siehdichum (als Abstecher) und Bremsdorfer Mühle.
Karten: Naturpark Schlaubetal, Frankfurt (Oder), Guben, Eisenhüttenstadt, 1:50.000 (BAR); Schlaubetal, 1:50.000 (LGB).

Wir beginnen unsere Wanderung an der Schlaubebrücke beim **Kupferhammer** ❶. Ein Wegweiser zeigt uns den mit blauem Strich markierten Wanderweg zur Bremsdorfer Mühle an. Die Schlaube ist ab hier zu einer langen Seenkette aufgestaut. Zunächst wandern wir am Schulzenwasser mit seinen zwei kleinen Inseln entlang. Viele See- und Teichrosen bedecken den See. Den darauf folgenden Langesee begleiten prächtige Buchenwälder. Wir sind jetzt im ehemaligen Klosterforst von Neuzelle und kommen an mehreren Riesenlebensbäumen (Thuja plicata) vorbei, die eine beträchtliche Höhe haben. Viele botanische Kostbarkeiten, wie diese nordamerikanische Thuja-Gruppe, hat um 1900 der königliche Forstmeister Reuter in den umliegenden Klosterforsten gepflanzt. Seine letzte Ruhe fand er, wie viele andere Bedienstete des königlichen Forstamts, auf dem stimmungsvoll gelegenen Försterfriedhof beim Forsthaus Siehdichum, an dem wir nachher noch vorbeikommen werden.

Nun wandern wir am Ufer der zwei Schinkenseen entlang und kommen zu einer Pflasterstraße. Hier biegen wir rechts ab und folgen dem Sträßchen, das über die **Schlaubebrücke** ❷ führt und sich dann auf 800 m den Hang hinaufzieht. An einem Wegweiser biegen wir links ab. Bald kommt man an einem Rastplatz vorbei. Der mit blauem Strich markierte Weg führt nun am Westufer des Großen Treppelsees entlang und erreicht an dessen Südufer die B 246. Etwas südlich der Straße liegt die Bremsdorfer Mühle,

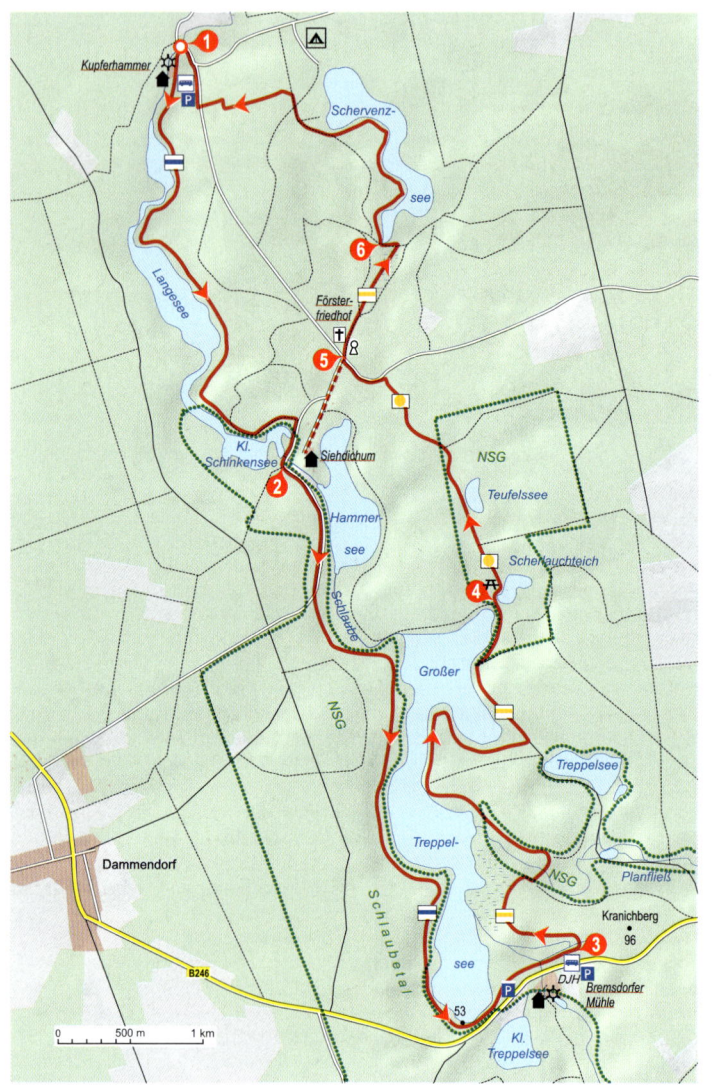

Bremsdorfer Mühle.

eine ehemalige Walke und Ölpresse, mit benachbarter Jugendherberge. An der **Bushaltestelle** ❸ beginnt ein mit gelbem Strich markierter Fußweg und führt zum Ostufer des Großen Treppelsees. Durch Erlenbruchwald wandern wir am Fuß des Kranichberges vorbei und überschreiten auf einem Holzsteg das Planfließ. Bald erreichen wir eine Forststraße, der wir nach links folgen und auf der wir erst weiter weg vom Ufer des Treppelsees, dann näher an diesem entlangwandern. An seinem Nordende gabelt sich der Weg an einem überdachten Rastplatz. Rechts befindet sich der **Scherlauchteich** ❹. Wir verlassen hier den Uferwanderweg und gehen rechts auf einer mit gelbem Punkt markierten, sanft ansteigenden Forststraße am Scherlauchteich entlang weiter. Durch hügeliges Waldgelände kommen wir nach 500 m zum Teufelssee im gleichnamigen Naturschutzgebiet. Die Forststraße schlängelt sich jetzt durch schönen Eichenwald und nach einer Viertelstunde treffen wir auf eine andere Forststraße, auf der wir links in wenigen Minuten zum bereits erwähnten **Försterfriedhof** ❺ kommen. Links können wir einen Abstecher zum Forsthaus Siehdichum machen, das seit 1771 den Äbten des nahen Klosters Neuzelle als Jagdschloss diente und heute einen Waldgasthof beherbergt.

Wir wandern jedoch auf dem ab jetzt wieder mit gelbem Strich markierten Weg rechts in den Wald und zum **Schervenzsee** ❻ hinunter. An seinem westlichen Ufer gehen wir auf breitem Weg weiter, bis wir zu einem Camping- und Wochenendhausplatz kommen. Hier biegen wir links ab, gehen am Zaun der Ferienanlage den Hang hinauf und dann an einer Telefonleitung entlang zu einer Fahrstraße, auf der wir rechts nach wenigen Minuten wieder die Bushaltestelle **Kupferhammer** ❶ erreichen.

↗ 80 m | ↘ 50 m | 7.8 km

46 Schlaubetal (3)

1.50 h

Von der Bremsdorfer Mühle zur Schlaubemühle

Ein abwechslungsreicher Wanderweg führt durch das Schlaubetal südlich der Bremsdorfer Mühle. Dieser Abschnitt zählt zu den schönsten Tälern Brandenburgs und ist für seine Mühlen berühmt. Hier durchfließt die Schlaube enge Schluchten, breite Wiesen und Moorgebiete. Bei der Kieselwitzer Mühle speist sie Fischzuchtteiche, in der Schlaubemühle befindet sich ein Naturschutzzentrum des Bundes für Umwelt und Naturschutz Deutschland (BUND).

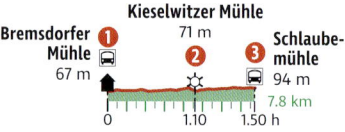

Ausgangspunkt: Bremsdorfer Mühle, 67 m; im Sommer Bus A 400 ab Bhf. Jacobsdorf; Navi: 15890 Schlaubetal, Bremsdorfer Mühle 1.
Endpunkt: Bushaltestelle bei der Schlaubemühle, 94 m; Rückfahrt mit Bus A 400.

Anforderungen: Waldwege; Pfade.
Einkehr: Bremsdorfer Mühle, am Wirchensee (Abstecher am Ende).
Karten: Naturpark Schlaubetal, Frankfurt (Oder), Guben, Eisenhüttenstadt, 1:50.000 (BAR); Schlaubetal, 1:50.000 (LGB).
Tipp: Naturschutzzentrum Schlaubemühle, Tel. +49 33673 5952, www.bund-brandenburg.de.
Hinweis: Der Rundweg um den Wirchensee am Ende der Wanderung dauert zusätzlich 1 Std.

Von der Bushaltestelle an der **Bremsdorfer Mühle** ❶ gehen wir zunächst auf der Zufahrtsstraße an der Jugendherberge vorbei zur 1842 erbauten Bremsdorfer Mühle. Hier queren wir die Schlaube und laufen auf einem schattigen Weg bachaufwärts. Die gesamte Tour ist mit einem blauen Strich markiert. Bald verengt sich das Tal zu einer Schlucht und wir wandern auf einem schmalen Pfad oberhalb am Hang weiter. Nach 10 Min. wird

Wanderweg durch Laubwald entlang der Schlaube.

das Tal wieder breiter, die Schlaube fließt nun durch Wiesen und ein Quellmoor.

Dahinter geht es am westlichen Hang etwas bergauf. Nach einer Viertelstunde erreichen wir die **Kieselwitzer Mühle** ❷. Sie war von 1420 bis 1930 als Getreide- und Schneidemühle in Betrieb. Seit ihrem Abriss 1958 und dem Neubau von Wohnungen erinnern nur noch Mühlenteich und Wasserfall an der Stelle des ehemaligen Mühlrads an sie. Nun wechseln wir die Talseite und wandern an einigen Forellenaufzuchtteichen vorbei. Nach einem kurzen An- und Abstieg passieren wir einen Quellkessel; mehrere kleine Seitenbäche queren unseren Weg. An einigen Bächen haben Besucher des Naturschutzzentrums Schlaubemühle kleine Mühlenmodelle gebaut.

Zum Ende der Wanderung geht es noch einige Male auf und ab, dann verengt sich das Tal noch ein letztes Mal; tief unten fließt die Schlaube. Wir passieren die Gebäude der Schlaubemühle, die im 15. Jahrhundert als Mahlmühle errichtet worden ist und bis zum Ende des Zweiten Weltkriegs in Betrieb war. In den später teilweise neugebauten Häusern befindet sich heute das Naturschutzzentrum des BUND mit Mühlrad.

Kurz darauf erreichen wir die Landstraße von Neuzelle nach Friedland. Zur nahe gelegenen **Bushaltestelle bei der Schlaubemühle** ❸ gelangen wir, wenn wir auf dem Radweg neben der Straße nach rechts über die Schlaubebrücke gehen. Wer jedoch noch einkehren möchte, kann links einen kurzen Abstecher zum schön gelegenen Waldseehotel am Wirchensee machen. Unweit des Sees befinden sich auch die Schlaubequellen.

↗ 30 m | ↘ 30 m | 17.3 km

47 Im Straupitzer Spreewald

4.20 h

Rundwanderweg von Straupitz zum Byhleguhrer See

Der im nördlichen, weniger bekannten Teil des Biosphärenreservats Spreewald gelegene Straupitzer Spreewald ist mit dem idyllisch von Wald umgebenen Byhleguhrer See ein schönes Wandergebiet. An der großen Straupitzer Schinkel-Kirche beginnt ein abwechslungsreicher Rundwanderweg, der über Byhlen zum Pintschens Quell führt und dann den Byhleguhrer See umrundet.

Ausgangspunkt: Straupitz, 58 m; Bus 500 ab Bhf. Lübben bis Haltestelle Straupitz, Dorfplatz.
Anforderungen: Feld- und Waldwege.
Einkehr: Straupitz; am Byhleguhrer See.
Karte: Spreewald mit Märkischer Heidelandschaft, 1:35.000 (BAR).
Tipp: Holländerwindmühle Straupitz im Spreewald, Tel. +49 35475 16997, www.windmuehle-straupitz.de; Schinkel-Kirche, Tel.+49 35475 496, www.ev-kirchgemeinde-straupitz.de.

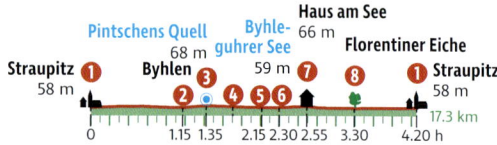

Die ungewöhnlich große Kirche von **Straupitz** ❶ mit ihrer schon von Weitem sichtbaren Doppelturmfassade wurde 1832 nach Plänen von Karl Friedrich Schinkel erbaut und stellt ein klassizistisches Baudenkmal von überregionaler Bedeutung dar. In ihrer Nähe beginnt unsere Tour. Auf der Bahnhofstraße verlassen wir den Ort, der noch bis 1970 auch mit der Eisenbahn zu erreichen war. Nach links kann man einen lohnenden Abstecher (300 m) zur Holländerwindmühle von 1810 unternehmen, der letzten produzierenden Dreifachwindmühle Europas mit Mahl-, Öl- und Sägemühle. Nach 1 km zweigt rechts ein mit gelbem Strich markierter Feldweg ab, der uns später durch ein Waldstück nach **Byhlen** ❷ führt. Wir durchqueren den Ort und gelangen – immer der Gelbstrich-Markierung folgend – in die Senke des Byhlener Sees, den man von hier aus allerdings nicht sehen kann. Gleich darauf betreten wir wieder Wald und biegen nach wenigen Minuten an einem Wegweiser rechts zum **Pintschens Quell** ❸ ab. Diese ergiebige Quelle speiste früher Schloss und Brauerei in Straupitz mittels einer 5 km langen Wasserleitung aus Holzrohren. Vom überdachten Quellbecken aus führt ein kurzer Wanderpfad zu anderen kleinen Quellen. Wir gehen auf dem markierten Weg zurück in Richtung Byhlen und zweigen nach unge-

Holländerwindmühle in Straupitz (Abstecher).

fähr 600 m links auf einen am Waldrand entlangführenden Feldweg ab, der nicht markiert ist und nach wenigen Minuten im Wald ansteigt. Oben biegen wir in den ersten Weg rechts ein und wandern über eine Lichtung. Dahinter senkt sich der Weg zu einem **Gehöft** ❹ hinunter. An zwei Fischteichen vorbei gelangen wir an den Ortsrand von Byhlen. Hinter dem ersten Haus halten wir uns links entlang eines Feldes zu einem asphaltierten Radweg und auf diesem wieder links 500 m zu einer **Abzweigung** ❺. Ein Feldweg leitet uns nun rechts zum Ufer des von Wald umgebenen **Byhleguhrer Sees** ❻, um den ein mit gelbem Punkt markierter Rundwanderweg führt. Wir folgen ihm südlich um den See. Der Pfad führt auf einen Damm und nach kurzer Zeit erreichen wir die Gaststätte **Haus am See** ❼. Nur von der Terrasse aus hat man einen schönen Blick über den See.

Auf dem Rundwanderweg gelangen wir schließlich zu einer Landstraße. Etwa 500 m wandern wir auf einem parallel verlaufenden Waldweg nach Norden, queren dann die Landstraße und folgen dem Heiligen Weg mit einer Rotstrich-Markierung. Nach wenigen Minuten verlassen wir den Wald. Rechts ist ein kurzer Abstecher zur imposanten Baumruine der **Florentiner Eiche** ❽, einem 1000-jährigem Naturdenkmal, und zum Byttnahain möglich. Dort soll es in alter Zeit einen germanischen Thingplatz gegeben haben. Später soll auch die slawische Bevölkerung das Areal als Kultplatz genutzt haben. Auf dem markierten Weg passieren wir noch zwei weitere alte, unter Denkmalschutz stehende Eichen, dann biegen wir links ab und wandern auf dem Byttnaweg durch den Straupitzer Spreewald. Entlang eines Wassergrabens gelangen wir zu einer Landstraße, in die wir rechts nach Straupitz einbiegen. Nach einem Fußmarsch von ungefähr 600 m schlängelt sich rechts ein Fußweg durch den von Wasserläufen durchzogenen, verwilderten Schlosspark. Am ehemaligen Schloss und am Fährhafen vorbei erreichen wir wieder **Straupitz** ❶.

↗ 20 m | ↘ 15 m | 20.5 km

5.15 h

🚌 ✕

Von Lübbenau durch den Oberspreewald nach Burg

TOP 48

Wanderung an ruhigen Fließen entlang

Der Spreewald verdankt seine Entstehung vor allem dem sehr geringen Gefälle der Spree, das hier nur ca. 15 cm pro Kilometer beträgt und zu einer starken Verästelung führt. Die Gesamtlänge der Fließe beträgt etwa 1000 km. Viele Touristen besuchen dieses einzigartige Biosphärenreservat und unternehmen eine der zahlreich angebotenen Kahnfahrten ab Lübbenau. Man kann den Spreewald jedoch auch auf abwechslungsreichen Wegen durchqueren. Dabei lernt man auch die weniger bekannten Stellen kennen.

Ausgangspunkt: Lübbenau, 51 m, Bhf.; Navi: 03222 Lübbenau, Bahnhofstr. 17.
Endpunkt: Burg, 56 m; Bus 500 bis Bhf. Lübben oder Bus 38 bis Bhf. Vetschau, ab dort mit dem Zug zurück nach Lübbenau.
Anforderungen: Fuß- und Fahrwege; der Weg führt über einige der im Spreewald »Bänke« genannten Holzbrücken.
Einkehr: Lübbenau, Wotschofska, Polenzschänke, Gasthäuser in Burg Kauper, am Willischzasee und in Burg.
Karten: Spreewald mit Märkischer Heidelandschaft, 1:35.000 (BAR); Oberspreewald, 1:25.000 (LGB).
Tipp: www.spreewald.de.

Vom Bahnhof in **Lübbenau** ❶ gehen wir auf der Poststraße in die Ortsmitte. An der Nikolaikirche biegen wir rechts ab und kommen zum Kahnfährhafen und zum Schloss (1820 von Schinkel erbaut) mit seinem schönen Park und dem Schlossteich. Dahinter trifft man auf den Wotschofskaweg,

Ausflugsgaststätte Wotschofska im Spreewald.

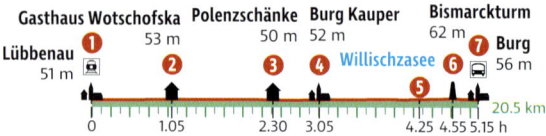

der 1911 als erster Wanderweg im Spreewald angelegt wurde. Dieser von unzähligen Birken gesäumte Weg ist mit grünem Schrägstrich markiert. Er führt über mehrere Fließe, die auf hohen Holzbrücken überquert werden. Wir gehen am Rollkanal vorbei; die mehreren hintereinander angeordneten Rollenlager stammen aus dem 18. Jahrhundert und dienten dazu, die Kähne über einen Schutzdamm in einen anderen Kanal zu ziehen. Kurz hinter dem Rollkanal erreichen wir das **Gasthaus Wotschofska** ❷. Hier verlassen wir den Wald in nordöstlicher Richtung und wandern auf Feldwegen durch eine landwirtschaftlich genutzte Wiesenlandschaft. Am Großen Fließ erreichen wir den Hochwald. Wir biegen rechts in den mit gelbem Punkt markierten Fahrweg ab und gehen zunächst am Rand des Hochwaldes entlang, dann durch das Große Gehege, ein ehemaliges Jagdgebiet der Grafen zu Lynar, zum Gasthaus **Polenzschänke** ❸, das 1902 eröffnet wurde. Die Markierung (gelber Punkt) führt auf dem Fahrweg noch etwa 1 km weiter, bis rechter Hand ein Fußweg (Markierung: grüner Strich) abzweigt. Auf diesem gelangen wir durch eine malerische, parkähnliche Landschaft nach

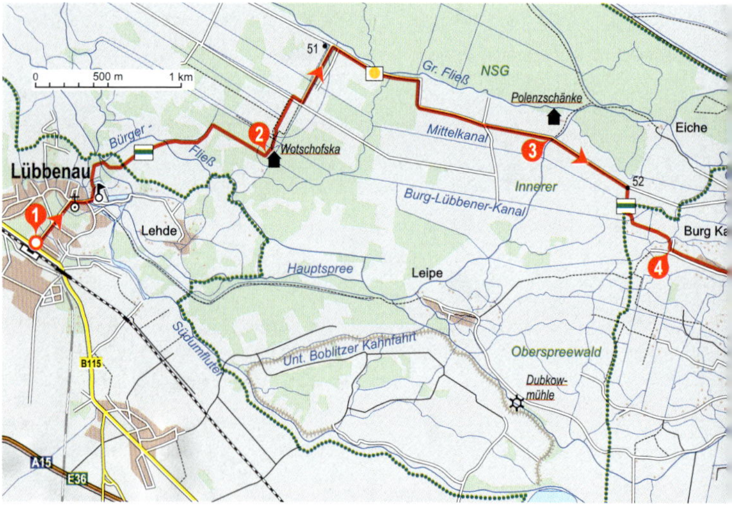

Auch mit Heu beladene Spreewaldkähne können hier durchfahren.

Burg Kauper ④ mit rekonstruierter Kurbelschleuse. Burg ist die flächenmäßig größte Landgemeinde Deutschlands. Der Ortsteil Kauper ist auf einer Grundmoräneninsel aus Schwemmsand (Kauper) gelegen, die aus dem umliegenden Sumpfgebiet herausragt. Der Ort war bis 1901 nur auf dem Wasserweg erreichbar.

Am hier beginnenden Sträßchen entlang, an zwei Kahnfährhäfen vorbei und nach Überqueren der Neuen Spree bis zur Ringchaussee. Dieser folgen wir wenige Meter rechts bis zum Landhotel Burg. Hier beginnt ein mit Gelbstrich markierter Wanderweg, der sich östlich durch die bäuerlich geprägte Landschaft und die Streusiedlung Burg schlängelt und schließlich am **Willischzasee** ⑤ endet. Wieder ändert sich die Markierung: Ein mit rotem Strich markierter, neu angelegter Weg bringt uns zum Schlossberg mit dem 27 m hohen **Bismarckturm** ⑥, der 1917 von Bruno Möhring errichtet wurde, und anschließend an der Kleinen Spree entlang zum Ortszentrum von **Burg** ⑦.

↗ 10 m | ↘ 10 m | 14.0 km

49 Im Lübbenauer Spreewald

3.30 h

Auf dem Moorlehrpfad von Raddusch zur Dubkowmühle

Wenige Kilometer südlich des von Touristen viel besuchten Städtchens Lübbenau, des Tors zum Spreewald, liegt der Ort Raddusch. Hier beginnt ein Moorlehrpfad durch den landwirtschaftlich geprägten Lübbenauer Spreewald mit einigen kleineren Mooren und Torfstichen. Nach Abschaltung der Schöpfwerke ist das Grundwasser im Spreewald wieder angestiegen. Dadurch sind Feuchtgebiete von internationaler Bedeutung entstanden, wie es sie bereits vor Beginn des Braunkohletagebaus um Cottbus gab.

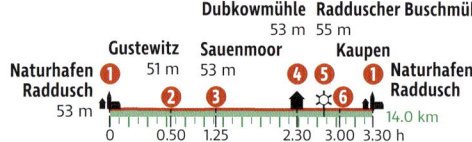

Ausgangspunkt: Raddusch, 53 m, Naturhafen; Navi: 03226 Vetschau, Hafenweg; vom Bhf. Raddusch 10 Min. Fußweg.
Anforderungen: Breite Feldwege, kaum Schatten; da der Lehrpfad nicht markiert oder beschildert ist, sollte man sich vorher in der Touristinformation Raddusch (Lindenstr. 1, 03226 Vetschau Ortsteil Raddusch) den Informationsflyer mit der Streckenkarte besorgen (www.raddusch-spreewald.de/moorlehrpfad).
Einkehr: Raddusch; Dubkowmühle.
Karten: Spreewald mit Märkischer Heidelandschaft, 1:35.000 (BAR); Oberspreewald, 1:25.000 (LGB).
Tipp: Informationen zur Moorlandschaft und zum Torfabbau in der Radduscher Heimatstube (Dorfplatz); Radduscher Buschmühle, Tel. +49 355 537916, www.radduscher-buschmuehle.de.

Am Radduscher Naturhafen werden Kahnfahrten bis nach Lübbenau angeboten.

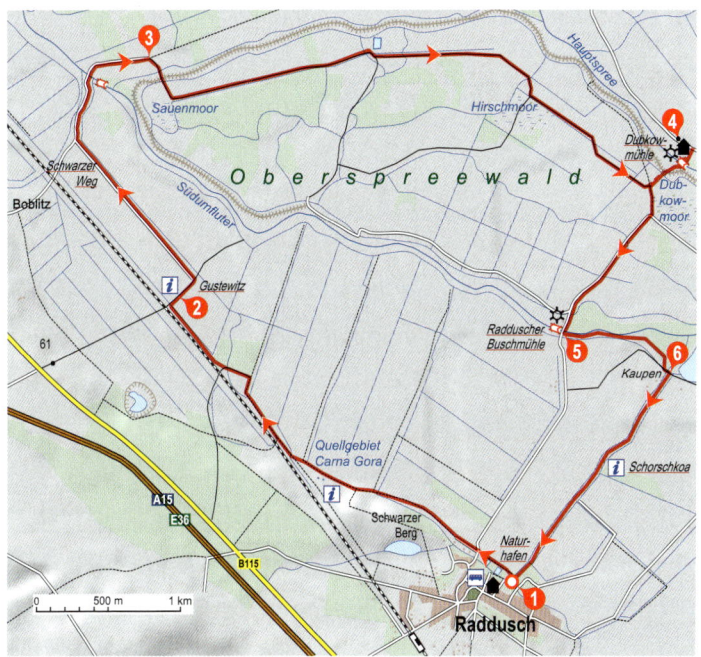

Am **Naturhafen Raddusch** ❶ beginnt der Moorlehrpfad, er ist jedoch nicht markiert oder beschildert. Wir überqueren links das Seeser Fließ und gelangen an den Hafengebäuden vorbei auf einen Feldweg und wenig später zu einer Kreuzung, an der wir geradeaus auf einem kaum befahrenen Asphaltsträßchen den Ort verlassen. Nach einer Viertelstunde passieren wir das Quellgebiet Carna Gora, der sorbische Name bedeutet Schwarzer Berg (Infotafel). Auf abwechslungsreichem Weg erreichen wir bald darauf den Bahndamm. Nach 500 m biegt der Weg rechts ab und führt zu einem nahe gelegenen Wäldchen, wo wir aber gleich wieder links abbiegen und zum Bahndamm zurückkommen. Nach zehn Minuten biegen wir am Scheinmoor **Gustewitz** ❷ wieder rechts ab. Eine Tafel informiert über die ehemalige Sandentnahmestelle. An der nächsten Abzweigung halten wir uns links und wandern durch Felder und am noch wachsenden Moor am Schwarzen Weg vorbei zu einer Gabelung, wo wir uns rechts halten und entlang der Boblitzer Kahnfahrt zur Brücke über den Südumfluter gelangen. Jetzt geht es auf schönem Weg durch einen Bruchwald und über die Untere Böblitzer Kahnfahrt zum **Sauenmoor** ❸, einem Flachmoor, wo wir kurz

Das Scheinmoor Gustewitz ist durch Grundwasseranstieg entstanden.

vorher rechts abbiegen. Auf einem Feldweg wandern wir nun durch den Lübbenauer Spreewald mit seinen teilweise feuchten Wiesen. Nach 3 km passieren wir das nur 1 m tiefe Hirschmoor und erreichen eine Viertelstunde später eine Gabelung. Hier können wir links einen kurzen Abstecher zur idyllisch am Ufer der Hauptspree gelegenen **Dubkowmühle** ❹ machen. Erbaut 1701, dient das Gebäude seit 1923 als Gasthaus. Unmittelbar daneben befindet sich eine Kahnschleuse.

Wir setzen unsere Wanderung auf dem Moorlehrpfad durch eine parkartige Wiesenlandschaft fort. Vorbei am Dubkowmoor, einem durch Grundwasseranstieg entstandenen Versumpfungsmoor, kommen wir nach 20 Min. wieder zum Südumfluter. An seinem Ufer liegt die **Radduscher Buschmühle** ❺. Die 1777 als Öl- und Kornmühle erbaute Wassermühle kann besichtigt werden. An einem Rastplatz können wir hier die Boote beim Befahren der Kahnschleuse beobachten. Hinter dem Südumfluter biegen wir links ab und laufen auf dem Deich nach **Kaupen** ❻. Die kleine Siedlung liegt auf einer Sandinsel, die dem Ort den Namen gab. Nach Überqueren der Radduscher Kahnfahrt geht es rechts auf dem Deich unter alten Bäumen weiter. Auf dem gegenüberliegenden Ufer befindet sich ein altes Fischerhaus mit Reetdach. Am ehemaligen Torfstich Schorschkoa informiert uns eine Tafel, dass hier noch bis 1924 Torf abgebaut wurde. Jetzt sind es nur noch 15 Min. bis zum **Naturhafen Raddusch** ❶.

↗ 180 m | ↘ 150 m | 16.2 km

4.10 h
🚌✕👣

Höllberghof und Gehrener Berge 50

Von Uckro nach Walddrehna

Von Uckro führt ein schöner Wanderweg zum Höllberghof, einem nach historischen Vorlagen errichteten Bauernhof mit Tiergehege, Bauerngarten, Backofen und einem kleinen Museum. Danach kommt man am Schloss Sinntrotz vorbei und in die steilen Gehrener Berge. Sie gehören zum Lausitzer Grenzwall, einem Moränenzug, der sich vom Fläming bis zur Neiße erstreckt.

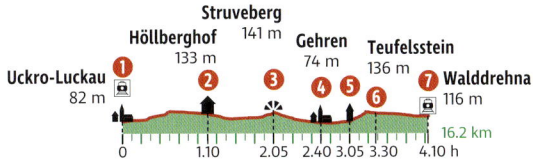

Ausgangspunkt: Uckro-Luckau, 82 m, Bhf.; Navi: 15926 Luckau, Uckroer Bahnhofstraße.
Endpunkt: Bhf. Walddrehna, 116 m. Rückfahrt mit der Bahn.
Anforderungen: Wald- und Feldwege; in den Gehrener Bergen teilw. etwas steiler.
Einkehr: Uckro, Höllberghof, in Gehren.
Karten: Nieder Fläming, Luckenwalde, Jüterbog, 1:50.000 (BAR); Finsterwalde, Calau, Doberlug-Kirchhain und Umgebung, 1:50.000 (BAR).
Tipp: Freilichtmuseum Höllberghof, zurzeit (2022) nur auf Anfrage geöffnet, Tel. +49 35454 7405, www.hoellberghof.com; Schloss Sinntrotz (Künstlervilla), www.sinntrotz.de; Waldbühne, www.waldbuehne.luckau.net.

Wir verlassen den Bahnhof in **Uckro-Luckau** ❶, gehen auf der B 102 in östlicher Richtung zur übernächsten Straßenabzweigung und biegen links ab. Auf einer asphaltierten Straße verlassen wir den Ort und wandern auf einem Feldweg in den Wald. Nachdem wir diesen geradeaus durchquert haben, erreichen wir ein großes Feld. Wir queren es auf schmalem Pfad, gehen an einem Wäldchen vorbei und gelangen zu einer Schotterstraße. Auf dieser gehen wir links weiter, biegen bei der nächsten Kreuzung rechts ab und erreichen nach wenigen Minuten ein kaum befahrenes Asphaltsträßchen, in das wir links einbiegen und so zum **Höllberghof** ❷ kommen. Der Hof ist ein in den letzten Jahren nach historischem Vorbild errichteter Dreiseitenhof aus der Zeit um 1800 mit Fachwerkscheune, Backhaus, Kossätenhaus (mit Schenke), auf dem alte Kulturpflanzen und Nutztierrassen gehalten und gezüchtet werden.

Nachdem wir den Höllberghof besichtigt haben, gehen wir auf dem Sträßchen mit einer Rotstrich-Markierung weiter, treffen bald darauf auf die B 87, der wir ein kurzes Stück nach links folgen, bis nach 250 m die Markierung

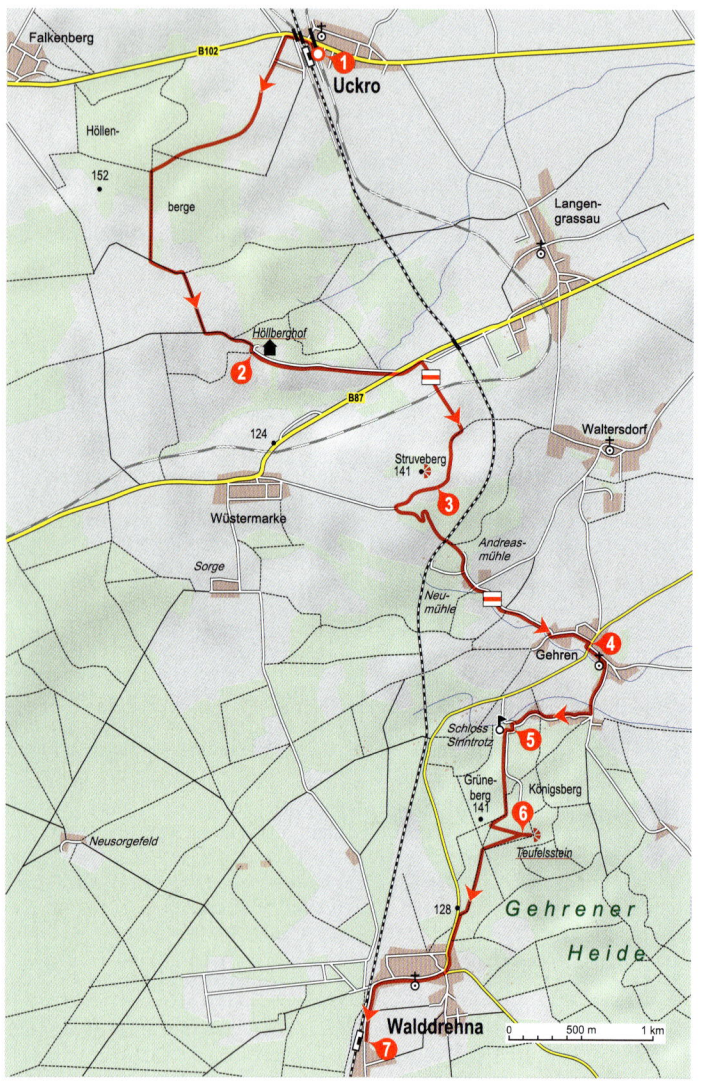

rechts in einen Feldweg weist. Dieser bringt uns über die Gleise einer Nebenbahn und dann hinauf auf den **Struveberg** ❸ mit Ausblick nach Osten. Rechts neben dem Feldweg findet man im Gebüsch den alten, verwachsenen, aber schattigen Weg, der zum großen Teil wieder begehbar ist. Bald treffen wir auf eine Schotterstraße, auf der wir dem roten Strich folgend links wieder in den Wald kommen. Wir unterqueren die Bahnlinie Berlin–Elsterwerda und wandern vorbei an mehreren ehemaligen Wassermühlen nach **Gehren** ❹. Dort kreuzen wir die Landstraße, laufen an der Kirche vorbei und biegen rechts in die Grünswalder Straße. Bei den letzten Häusern halten wir uns rechts und gehen ohne Markierung auf der Bergstraße in 10 Min. zum

Kirche in Walddrehna.

Schloss Sinntrotz ❺, der früheren Jakobsmühle, die um 1902 von einem General umgebaut wurde und heute Künstlerateliers beherbergt.
Hier biegt die Straße nach links in die Gehrener Berge ab. Die Wegweiser zum Königsberg und zum Teufelsstein geben nun die Richtung vor. Nach etwa 500 m verlassen wir in der nächsten Linkskurve das Sträßchen wieder und folgen dem in gerader, südlicher Richtung in den Wald führenden Weg. Dieser ist in Richtung Teufelsstein ausgeschildert und verläuft über die steile Rodelbahn durch einen Hohlweg auf den Grüneberg. In einem Auf und Ab geht es durch eine mittelgebirgsähnliche Szenerie. An einer Kreuzung, an die wir nach einer lang gezogenen Rechtskurve gelangen, nehmen wir den im rechten Winkel links bergaufwärts führenden Weg und erreichen kurz danach den **Teufelsstein** ❻, einen der größten Findlinge Brandenburgs. Wenige Schritte danach haben wir einen Forstweg erreicht, auf dem man nach links wenig später vorbei an einem Funkmasten einen Abstecher zum Königsberg machen kann. Hier bricht das Gelände steil nach Osten ab (Aussicht). Der Rückweg führt auf dem Forstweg am Funkmasten vorbei bis zu einer Wegkreuzung mit einem an dieser Stelle deplatzierten Verkehrsschild. Hier biegen wir halblinks ab und folgen dem Wegweiser nach Walddrehna in südöstlicher Richtung, bald in Hörweite zur vorhin bei Gehren überquerten Landstraße. Auf dem Dorfplatz wenden wir uns nach rechts und kommen vorbei an der gotischen Kirche nach wenigen Minuten zum Bahnhof von **Walddrehna** ❼.

STICHWORTVERZEICHNIS

A
Altbuchhorst 76
Alte Hölle 102
Augustablick 32

B
Baasee 52
Babelsberg 110, 112
Bad Belzig 97, 100
Bad Freienwalde 45, 48, 52
Bad Saarow 79
Berkenbrück 126
Biosphärenreservat Schorfheide-Chorin 42
Blankensee 115, 119, 122, 131, 132
Blumberger Mühle 36
Bremsdorfer Mühle 151, 154
Briesener Berge 94
Britz 39
Buckow 60, 62, 64
Burg 159
Burg Kauper 161
Burg Rabenstein 104
Burg Ziesar 92
Byhleguhrer See 156
Byhlen 156

C
Chorin 39

D
Dallgow-Döberitz 84, 87
Dobbrikow 122, 125
Döberitzer Heide 84, 87
Dubkowmühle 162
Dubrow 142

E
Elstal 84
Emstal 90
Erkner 73, 76

F
Falkenberg 48
Fangschleuse 76
Ferch 127
Ferchesar 82

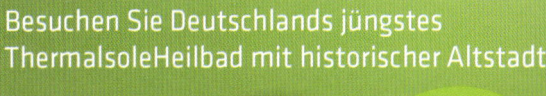

Wandern & Wellness

Besuchen Sie Deutschlands jüngstes ThermalsoleHeilbad mit historischer Altstadt

Weitere Informationen hier:
Tourist-Information Bad Belzig
Marktplatz 1 • 14806 Bad Belzig
T (03 38 41) 9 49 00
bad-belzig.de

Fläming 122, 165
Flecken Zechlin 33
Fontaneweg 132
Freienwalder Forst 52

G
Gabow 47
Galgenberg 48
Gehren 165, 167
Gehrener Berge 165, 167
Glauer Berge 131, 132
Gohlitzsee 90
Gottsdorf 125
Großer Glietzensee 32
Großer Heiliger See 40
Großer Klobichsee 64
Großer Lienewitzsee 127
Großer Moddersee 144
Großer Müggelberg 70
Großer Müggelsee 70
Großer Müllroser See 149
Großer Ravensberg 115
Großer Stechlinsee 30
Großer Tornowsee 61
Großer Zechliner See 33
Groß Köris 144

H
Hagelberg 100
Heilandskirche 107
Helenesee 146
Hellsee 55
Hohennauen 82
Hohennauener See 82
Hohenwutzen 45
Hoher Fläming 94, 97, 100, 102
Höllberghof 165

K
Kalksee 73
Katjasee 146, 147
Kieselwitzer Mühle 154
Kladow 107
Kleiner Glietzensee 32
Kleiner Lienewitzsee 127
Kleiner Moddersee 144
Kleiner Müggelberg 70
Kleiner Ravensberg 115
Kleiner Stechlinsee 30
Kleiner Tornowsee 65
Klein Glienicke 107, 111
Klein Köris 144
Klein Köriser See 144

Noch mehr Wanderglück …

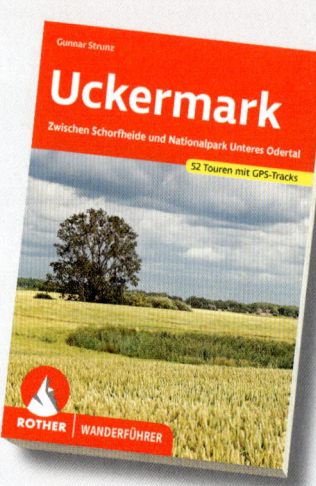

WWW.ROTHER.DE

Klein Wall 76
Königswald 107
Königswall 107
Köpenick 70
Kranichsberge 73
Krugberg 60
Kupferhammer 149, 151

L

Lanke 55
Lehnin 90
Lobetal 55
Löcknitztal 76
Lübbenau 159, 162

M

Markgrafensteine 79
Märkische Schweiz 60, 62, 64
Mellensee 138
Möllensee 76
Müggelberge 70
Müllrose 146, 149

N

Naturpark Barnim 55
Naturpark Dahme-Heideseen 144
Naturpark Nuthe-Nieplitz 122, 125, 130, 135
Naturpark Stechlin-Ruppiner Land 30, 33
Naturpark Westhavelland 82
Naturschutzgebiet Teufelssee 71
Neuenhagener Insel 45
Neuglobsow 30
Neu-Helgoland 70, 72
Niederer Fläming 135
Nieplitz 122, 135
Nieplitzniederung 130
Nuthe 122, 135
Nuthetal 115, 119, 132

O

Oberspreewald 159
Oderberg 42, 45
Oderbruch 45, 48, 52
Oder-Spree-Kanal 146
Ortolan-Rundwanderweg 130

P

Pimpinellenberg 42
Pintschens Quell 156
Planetal 104
Podelzig 67
Poetensteig 64
Polenzschänke 159
Potsdam 107, 110, 113, 115
Priedel 132, 134
Prieros 142
Pritzhagener Mühle 60, 64

R

Raddusch 162
Ragösen 94, 97
Ragöser Mühle 40
Ragower Mühle 149
Rauen 79
Rauener Berge 79
Reichelms Teich 137
Reitwein 67
Reitweiner Sporn 67
Repente 35
Rüdersdorf 73

S

Saarmund 115, 119
Saarmunder Berg 119
Saarmunder Endmoränenbogen 115, 119
Sacrow 107
Sacrower See 107
Schermützelsee 60, 62, 64
Schervenzsee 151
Scheunenwindmühle Saalow 138
Schiffmühle 46
Schlaubemühle 154
Schlaubetal 149, 151, 154
Schloss Babelsberg 110
Schwarzer See 33
Schwielowsee 127, 129
Semlin 82
Siehdichum 149, 151
Sperenberg 140

Sperenberger Gipsweg 140
Spreewald 156, 162
Springbachmühle 97
Stangenhagen 122
Stobbertal 60
Straupitz 156
Stücken 119, 122, 130
T
Teufelssee 151
Trebbin 132
Treuenbrietzen 135
U
Uckro-Luckau 165

V
Vorderer Löwendorfer Berg 132
W
Walddrehna 165, 167
Wannsee 110
Wiesenburg 100, 102
Wietkiekenberg 127
Willibald-Alexis-Wanderweg 90
Wolletzsee 36
Woltersdorf 73, 125
Wotschofska 159
Z
Zisterzienserkloster Chorin 39

Rother Touren App

Holen Sie sich unsere Wanderführer als App!

So funktioniert es:

➜ Kostenlose Rother App vom App Store bzw. Google Play Store laden

➜ Bis zu fünf vollwertige Beispieltouren aus jedem verfügbaren Guide unbegrenzt testen

➜ Bequem direkt aus der Rother App den gewünschten Guide komplett erwerben*

* je nach Guide 5,99-13,99 €

www.rother.de/app

Umschlagbild: Gehegemühle bei Angermünde.

Bild im Innentitel: Naturschutzgebiet im Spreewald.

Alle Fotos von Manfred Schmid-Myszka und Warmund Koch.

Kartografie:
50 Wanderkärtchen im Maßstab 1:50.000, 1:75.000 und 1:100.000
gezeichnet von Warmund Koch, Berlin
© Bergverlag Rother GmbH, München
sowie 2 Übersichtskärtchen im Maßstab 1:1.000.000 und 1:2.000.000
© Freytag & Berndt, Wien

Die Ausarbeitung aller in diesem Führer beschriebenen Wanderungen erfolgte nach bestem Wissen und Gewissen des Autors. Die Benutzung dieses Führers geschieht auf eigenes Risiko. Soweit gesetzlich zulässig, wird eine Haftung für etwaige Unfälle und Schäden jeder Art aus keinem Rechtsgrund übernommen.

5., überarbeitete Auflage 2022
© Bergverlag Rother GmbH, München
ISBN 978-3-7633-4343-0

Wir freuen uns über jeden Korrekturhinweis zu diesem Wanderführer!
Bitte per E-Mail an: leserzuschrift@rother.de

ROTHER BERGVERLAG · Keltenring 17 · D-82041 Oberhaching
Tel. +49 89 608669-0 · www.rother.de